网络口碑研究

WANGLUO KOUBEI YANJIU

张 玥/著

南京大学出版社

目 录

1 导论 ·· 1
  1.1 研究背景及意义 ·· 1
  1.2 文献综述 ··· 4
    1.2.1 网络口碑研究中的口碑信息要素 ································· 5
    1.2.2 网络口碑研究中的参与主体要素 ································· 9
    1.2.3 网络口碑研究中对其他口碑要素的探讨 ····················· 15
  1.3 现有研究的不足 ·· 19
  1.4 研究思路与主要内容 ··· 21

2 网络口碑概念与特征 ·· 25
  2.1 口碑与网络口碑 ·· 25
  2.2 网络口碑的分类 ·· 27
    2.2.1 从用户消费体验维度分类 ·· 27
    2.2.2 从发起者维度分类 ··· 28
    2.2.3 从传播渠道维度分类 ·· 29
  2.3 网络口碑的特征 ·· 30

3 网络口碑传播相关研究 … 32
3.1 网络口碑传播相关概念 … 32
3.1.1 网络口碑传播定义及其特征 … 32
3.1.2 网络口碑传播动机 … 37
3.1.3 网络口碑传播对象 … 43
3.1.4 网络口碑传播渠道和平台 … 45
3.2 网络口碑传播主要基础理论 … 48
3.2.1 社会交换理论 … 48
3.2.2 社会影响理论 … 51
3.2.3 社会网络理论 … 56
3.2.4 传播过程理论 … 60
3.3 网络口碑传播模型 … 61
3.3.1 基于口碑要素的网络口碑传播模型 … 61
3.3.2 基于信息过程模型的网络口碑传播模型 … 67
3.3.3 网络口碑的再传播 … 69

4 网络口碑传播效应理论研究 … 73
4.1 网络口碑传播效应概念 … 73
4.2 网络口碑传播效应要素分析角度 … 77
4.2.1 信息传播角度的口碑效应要素分析 … 77
4.2.2 人际网络角度的口碑效应要素分析 … 82

5 网络口碑传播效应实证研究 … 91
5.1 基于信息传播视角的网络口碑效应实证研究 … 91
5.1.1 理论框架 … 91

5.1.2　样本抽样 ………………………………………… 95
　　　5.1.3　实验过程 ………………………………………… 97
　　　5.1.4　总结与分析 ……………………………………… 102
　5.2　基于人际网络结构视角的网络口碑效应实证研究 ……… 110
　　　5.2.1　研究问题 ………………………………………… 110
　　　5.2.2　实验步骤 ………………………………………… 111
　　　5.2.3　数据收集与整理 ………………………………… 112
　　　5.2.4　总结与分析 ……………………………………… 113

6　网络口碑反馈机制相关研究 ……………………………………… 131
　6.1　网络口碑反馈机制的内涵 ………………………………… 131
　6.2　网络口碑反馈机制的作用 ………………………………… 132
　　　6.2.1　网络口碑反馈机制对企业的影响 ……………… 132
　　　6.2.2　网络口碑反馈机制对消费者的影响 …………… 140
　　　6.2.3　网络口碑反馈机制对市场的影响 ……………… 143
　6.3　网络品牌反馈机制在企业品牌中的应用 ………………… 146
　　　6.3.1　基于口碑反馈机制的品牌评估方案 …………… 146
　　　6.3.2　企业品牌评估实证研究——以天涯论坛为例 … 154
　6.4　网络口碑反馈机制的对策建议 …………………………… 167
　　　6.4.1　建立舒适、透明且富有体验性的沟通平台 …… 168
　　　6.4.2　加强对于噪音源的监控和识别 ………………… 168

7　研究结论与展望 …………………………………………………… 170
　7.1　研究结论 …………………………………………………… 170
　　　7.1.1　对理论研究上的贡献 …………………………… 170

  7.1.2 实际生活中的应用思路……………………………………171
 7.2 研究不足与未来展望………………………………………………172
  7.2.1 研究不足……………………………………………………172
  7.2.2 未来展望……………………………………………………173

附录1 "开心网"实证数据源………………………………………………176
附录2 "开心网"实证中间结果……………………………………………180
附录3 "天涯论坛"实证数据源……………………………………………183
附录4 社会网络分析软件简介……………………………………………192

1 导论

1.1 研究背景及意义

口碑(Word-of-Mouth,WOM)是人与人之间非正式传递想法、评论和意见的信息交流行为。Ardent(1967)很早就将口碑传播界定在消费者之间对于特定产品和服务相互交换观点或意见的交流过程中[1]，研究表明大多数人认为消费者之间的口碑信息比企业广告更加可信。传统口碑传播主要发生在面对面交流的环境中，而近些年高速发展的互联网技术(RSS、Tag和协同推荐技术等)以及众多 web2.0 网络平台(Blog、Wiki 和Facebook 等)的出现使得网民数量飞速增长，网络用户所创造的网络口碑(Internet Word-of-Mouth,IWOM)数量也逐年增大，随之而来的便是口碑效应的无限量增强，主要体现在网络口碑传播对于消费者效仿行为的影响力和对于企业品牌形象的塑造及损毁能力两个方面。

(1) 网络技术发展和网络平台涌现促使网络口碑数量激增

随着信息化、工业化的融合和物联网、云计算等信息技术的发展，互联

---

① Arndt J. Role of Product-related Conversations in the Diffusion of a New Product [J]. Journal of Marketing Research, 1967: 291-295.

网的普及率、覆盖率越来越高,对大众日常生活的渗透力也越来越大。2020年4月中国互联网络信息中心(CNNIC)发布的《中国互联网络发展状况统计报告》显示,我国网民规模为9.04亿,互联网普及率达64.5%,中国网络消费市场蓬勃发展①。由于各类网络平台越来越以用户为中心,将话语权、主导权交给用户,所以网络用户们更加积极、主动地活跃于各类网络平台之中宣泄自己的情绪、分享自己的经历。消费者会在互联网上分享新闻、观点,与他人交换信息,还会在诸如携程旅行、豆瓣网、饿了么之类的互联网平台上分享旅行经历、影评、餐馆评分等,因而互联网上每天都在产生数以百万计的博客、评论,网络口碑便就此产生②。

(2) 网络口碑影响消费者的品牌选择和购买决策

口碑对于消费者购买决策的影响能力早已被公认,然而需要指出的是,这样的影响力对于中国的消费者而言效果更加显著。因为国内的网络消费市场非常发达,从看电影到选择餐馆,从购物到投资股票,在做出决策之前消费者都可以通过网络获取和了解到其他使用者的意见。Fong等(2006)对中国消费者和美国消费者在BBS上的口碑传播行为进行过比较研究,发现中国消费者会更乐于分享和求助,同时中国传统的儒家文化构建了中国人低调和自谦的民族特性,因此中国消费者会更愿意跟随大多数人的选择而很少标新立异,也就更易受到网络口碑的影响③。

(3) 网络口碑具有在短期内塑造或者严重损害品牌形象的能力

网络口碑对于企业品牌的塑造能力也是举足轻重的。研究人员发现,

---

① 中国网络信息中心.第45次《中国互联网络发展状况统计报告》[EB/OL].http://www.cac.gov.cn/2020-04/27/c_1589535470378587.htm,2020-04-28.

② 余涛.基于社会网络分析(SNA)的虚拟社区消费电子新产品口碑传播研究[D].华南理工大学,2017.

③ Fong J, Burton S. Electronie Word-of-Mouth: A Comparison of Stated and Revealed Behavior on Electronic Discussion Boards [J]. Journal of Interactive Advertising, 2006, 6(2): 61-70.

购买过程中人们的对话交流以及信息的交换不仅影响人们的消费选择,还塑造了消费者使用产品前的期望和态度,甚至会影响消费者在使用产品或享受服务后的感知。口碑传播区别于传统市场营销的独特之处在于口碑和产品销量之间的正向反馈机制:正向的网络口碑带来了一定的销售额,进而又会带来更多的正面口碑,从而促进更多销售额的产生(Anderson & Salisbury,2003;Godes & Mayzlin,2004)①②。网络负面口碑则会导致其他社交媒体用户参与到负面反馈中来,加剧集体抱怨的局面,并且会导致产品回购率的下降和品牌忠诚度、信任度的降低(Gu & Ye,2014;Obeidat et al.,2017;Rosenmayer et al.,2018)③④⑤。

综上所述,随着我国网络文化的发展和人们对网络的依赖,口碑传播与扩散突破了原有时空模式的限制。网络口碑作为消费者对于特定品牌、产品或企业的群体观念,代表了一定消费者群体的共同思想、愿望和要求,往往成为个人、企业,乃至社会气候的晴雨表和社会信息的显示器。因此正面口碑有利于消费者之间的认知和沟通,也有利于企业和公司对于相应问题及时采取措施,同时还有利于国家和政府有针对性地解决社会问题,从而安定民心、稳定社会。负面口碑则会由消费者之间自发、松散的传播

---

① Anderson E W, Salisbury L C. The Formation of Market-Level Expectations and Its Covariates.[J]. Journal of Consumer Research,2003.

② Godes D, Mayzlin D. Using Online Conversations to Study Word of Mouth Communication [J]. Marketing Science,2004,23(4):545-560.

③ Gu B, Ye Q. First Step in Social Media:Measuring the Influence of Online Management Responses on Customer Satisfaction[J]. Production and Operations Management,2014,23(4):570-582.

④ Obeidat Z, Xiao S H, Iyer G R, et al. Consumer Revenge Using the Internet and Social Media:An Examination of the Role of Service Failure Types and Cognitive Appraisal Processes[J]. Stomatology,2017,34(4):496-515.

⑤ Rosenmayer A, Mcquilken L, Robertson N, et al. Omni-Channel Service Failures and Recoveries:Refined Typologies Using Facebook Complaints[J]. Journal of Services Marketing,2018,32(45).

逐渐形成社会舆论的合力来冲击人们的情绪,不仅会损害企业的品牌建设,还会影响社会的健康和稳定。因此不论是个人、企业或者政府都有必要及时掌握当前的网络口碑趋势,特别是企业和政府部门需要正确地了解民意,再采取一定的措施引导正面口碑、控制热点话题,规避和减少负面口碑的冲击。

因此我们将研究网络口碑及其效应的重要意义简要概述为个人、企业和社会三个层面:

① 对于个人而言,网络口碑能使我们及时且方便地获取与产品有关的重要信息,对消费者做出正确的购买决策起到至关重要的作用。

② 对于企业而言,网络口碑不仅能使企业更加及时地掌握相关领域的最新动态,也可以帮助企业有效宣传、评估和管理自己的品牌,还可以从消费者对于企业产品的观点和态度中汲取建议和经验,改进自身不足进而提高竞争实力。

③ 对于国家和社会而言,网络口碑既有利于帮助政府部门及时了解当前社会中与产品质量、食品安全、医患矛盾等民生问题紧密相关的重要事件,也有利于相关部门对问题迅速做出反应,从而确保社会和经济的健康、稳定发展。

1.2 文献综述

从信息传播的视角看,口碑传播过程中有四个重要的要素,分别是口碑信息(信息载体)、口碑传播者(信源)、口碑接收者(信宿)和口碑交流渠道(信道),下面将着重对互联网下的口碑信息、口碑传播者和口碑接收者进行详细说明。

1.2.1 网络口碑研究中的口碑信息要素

由于互联网的高度开放性和可追溯性,网络传播不像线下偶然交流那么难以把握和控制,相对于传统的口碑传播,网络口碑传播更加便于测量。因此学者们对于口碑信息建立了各类指标,从不同角度对网络口碑进行测量。总体来说,研究指标主要涉及网络口碑的数量(Volume)、效价(Valence)和离散程度(Dispersion)。

(1) 网络口碑数量

口碑数量指的是涉及某一个具体产品或者服务的网络口碑规模的大小和数量的多少。它可以指网络上与某产品或服务相关的帖子数,也可以是与某产品或者服务相关的评论数。很明显,在网络上相互讨论某一产品的消费者越多,消费者对于此产品的认知度也就越高。这也是很多学者对网络口碑进行测量和研究的原因。由于从众效应,庞大的评论体量会提升口碑接收者的产品意识和对产品质量的理解。Rosario 等(2016)通过 Meta 分析发现,在不同的产品和平台上,口碑数量的正面影响都非常稳健,且口碑数量的多少在评论网站以及新颖、高风险的金融产品上影响更为显著[1]。不过,对于不同的口碑接收者而言,网络口碑数量的影响程度有所不同。基于详尽可能性模型(Elaboration Likelihood Model),如果一个人对某产品了解的知识越多,那么口碑数量对他的影响就越小(Park & Kim,2008)[2]。

---

[1] Rosario B A, Sotgiu F, Valck D, et al. The Effect of Electronic Word of Mouth on Sales: A Meta-Analytic Review of Platform, Product, and Metric Factors[J]. Journal of Marketing Research, 2016.

[2] Park D H, Kim S. The Effects of Consumer Knowledge on Message Processing of Electronic Word-of-mouth via Online Consumer Reviews [J]. Electronic Commerce Research and Applications, 2008, 7(4): 399-410.

(2) 网络口碑效价

网络口碑效价是一种反映消费者对于某种品牌或服务满意度的指标，在学界也被常被称为口碑的"向性"、口碑的"极性"或者直接简称为口碑的"价"。概要地看，网络口碑可以划分为正面口碑和负面口碑，还可以细分为综合性口碑、无感情色彩口碑或者不相关口碑（例如广告帖子）等。由于口碑效价是消费者情感态度的间接表达，因此一些网站上关于产品评分（rating）、服务评级（ranking）的分值都可以看作消费者网络口碑的效价，而正因为此类数值型效价的易获得性和易分析性，很多学者都对网络口碑的效价进行过深入研究和探讨。

早在 1967 年，Arndt 对于新开发食品的口碑研究就显示了正面口碑对于购买有明显的促进作用[1]；Chevalier 和 Mayzlin（2006）的研究表明，在亚马逊网站上，拥有正面口碑居多的书比拥有负面口碑居多的书更加畅销，即消费者口碑对书籍销量存在一定影响[2]；Clemons 等（2006）通过分析 2001—2003 年消费者对啤酒生产商的网络口碑，发现消费者网络口碑和啤酒销量正相关，尤其是对购买者评分的研究表明，有重复购买行为的消费者经常会在互动中发送正面口碑[3]；Senecal 和 Nante 两位学者（2004）通过实证研究验证了消费者的网络口碑效价和最终产品销售额之间的关系[4]；Dellarocas 等学者（2004）则将数值型的网络评级和网络评分结果作为衡量

---

[1] Arndt J. Role of Product-related Conversations in the Diffusion of A New Product [J]. Journal of Marketing Research, 1967: 291-295.

[2] Chevalier J A, Mayzlin D. The Effect of Word of Mouth on Sales: Online Book Reviews[J]. Journal of Marketing Research, 2006.

[3] Clemons E K, Gao G G, Hitt L M. When Online Reviews Meet Hyper Differentiation: A Study of the Craft Beer Industry [J]. Journal of Management Information Systems, 2006, 23(2): 149-171.

[4] Senecal S, Nante J. The Influence of Online Product Recommendations on Consumers' Online Choices [J].Journal of Retailing, 2004, 80, 159-169.

消费者产品满意度的口碑效价间接指标,并且通过重复实验发现网络口碑效价能够对 Bass 模型当中的变量 q 进行充分解释[①]。

虽然很多证据已经表明口碑网站上的评分会影响到产品的销售,但口碑评分高低并不确切意味着销量的高低。和产品价格相比,口碑效价更会影响产品的销量(Langhe et al.,2015;Moe & Trusov,2011)[②][③]。

此外,近些年学术界开始更加关注负面口碑。Ludwig 等(2013)通过口碑和观察学习的自然实验,比较网络口碑和观察学习对亚马逊网站上商品销量的影响,发现负面口碑比正面口碑的影响力更大[④]。不过,由于网络口碑的效价很多时候是通过平台评分来体现的,Babic Rosario 等(2016)[⑤]以及 You 等(2015)[⑥]发现,负面口碑效价的影响力会受到效价衡量与模型标准的影响,且受到其他一些变量的制约。

[①] Dellarocas C, Awad N F, Zhang X. Exploring the Value of Online Reviews to Organizations: Implications for Revenue Forecasting and Planning [C]. Proceedings of the International Conference on Information Systems, Washington. D. C, 2004: 1 - 34.

[②] Langhe B D, Fernbach P M, Lichtenstein D R. Navigating by the Stars: Investigating the Actual and Perceived Validity of Online User Ratings[J]. Journal of Consumer Research, 2015,42(6):817 - 833.

[③] Moe W W, Trusov M. The Value of Social Dynamics in Online Product Ratings Forums[J].Journal of Marketing Research, 2011, 48(3):444 - 456.

[④] Ludwig S, Ruyter K, Friedman M, Elisabeth C, et al. More than Words: The Influence of Affective Content and Linguistic Style Matches in Online Reviews on Conversion Rates[J]. Journal of Marketing,2013,77(1).

[⑤] Rosario B, Sotgiu F, Valck D, et al. The Effect of Electronic Word of Mouth on Sales: A Meta-Analytic Review of Platform, Product, and Metric Factors[J]. Journal of Marketing Research, 2016,53(3):297 - 318.

[⑥] You Y, Vadakkepatt G G, Joshi A M. A Mtea-analysis of Electronic Word of Mouth Elasticity [J]. Journal of Marketing. 2015, 79(2): 19 - 39.

(3) 网络口碑离散程度

离散度的概念由 Granovetter 于 1973 年提出,Granovetter 指出由于同质性和归属感,特定小团体内的成员比团体之间的成员更能相互理解从而更易接触和交流,因此口碑信息在特定团体内部传播会比团体间传播更加直接和快速[①]。因此,一个产品的口碑信息在不同群落之间的分布越分散,公众获取这类信息的概率就越大,这也成为学者们关注和测量网络口碑离散度的主要原因。Godes 等学者用熵(entropy)这个变量来测量网络口碑的离散度,从而对电视剧爱好者的网络口碑进行研究[②]。研究中熵值的高低和相关剧集的受众口碑在不同的讨论组或者不同讨论板块之间的离散程度紧密相关,结果显示相关剧集口碑离散程度越高,观众对其的知晓程度和偏好程度也会越高。Clemons 等学者(2006)构建了一种基于网络口碑来评价产品地位的方法,并通过"啤酒"销售领域的数据进行实证,最终发现口碑评论的离散度和评论的排序对于产品的市场接受度起着重要的作用。[③]

不过,还有其他学者对口碑离散有着不同的理解。Moore 和 Lafreniere(2020)将网络口碑平台上的口碑离散定义为口碑传播者对产品评分的分布[④]。宏观上讲,口碑等级的总体分布反映了消费者口碑的一致性或不一致性。高一致性表明产品可靠,受到口碑接收者的信任,导致产品或卖家

---

① Granovetter M. The Strength of Weak Ties [J]. American Journal of Sociology. 1973, 78(6): 1360-1380.

② Godes D, Mayzlin D. Using Online Conversations to Study Word-of-Mouth Communication[J]. Marketing Science, 2004,23(4):545-560.

③ Clemons E K, Gao G G, Hitt L M. When Online Reviews Meet Hyper Differentiation: A Study of the Craft Beer Industry [J]. Journal of Management Information Systems, 2006, 23(2): 149-171.

④ Moore, SG, Lafreniere, KC. How Online Word-of-mouth Impacts Receivers. [J]. Consum Psychol Rev. 2020,3: 34-59.

归因(比如高质量)。低一致性表明产品结构不稳定,导致口碑传播者归因(比如菜的口味好不好)。

在有形商品、功用性商品、新产品以及高风险金融商品上,高离散程度会对销量有负面影响。相反,Sun(2012)①以及 Rozenkrants 等人(2017)②的研究发现,高离散程度会对定制产品、推广产品以及口味多样化的产品有着正面的影响。

1.2.2　网络口碑研究中的参与主体要素

口碑参与者包括口碑传播过程中的信源和信宿,信源是指口碑的传播者,信宿则为口碑的接收者。和大众传播不同,口碑参与者有时候可能既是口碑传播者又是口碑接收者。学者们对于口碑传播者主要关注其专业性,而对于口碑接收者则更多地关注其产品经验和产品涉入程度等。

(1) 口碑传播者

口碑传播者是口碑传播过程中的触发点,是传播行为的主体,因此传播者自身的传播能力和所具备的专业素养是影响口碑传播结果的重要因素。口碑传播者的专业性已经被许多学者所证实。早在 1994 年 Mitchell 和 Boustani 就对传播者专业性和消费者品牌选择之间的关系进行了研究,他们在对专业知识的重要性进行研究时发现,具有专业知识的专家在获取产品和品牌信息时的能力较强,因此消费者在购买产品时会非常在意这类专家对于产品的意见和建议,而这些建议将在很大程度上影响消费者的品

---

① Sun, Monic. How Does the Variance of Product Ratings Matter? [J]. Management Science, 2012, 58(4):696-707.

② Rozenkrants B, Wheeler S C, Shiv B. Self-Expression Cues in Product Rating Distributions: When People Prefer Polarizing Products [J]. Journal of Consumer Research, 2017, 44(4):949-951.

牌选择①；Bone(1995)则以一种新上市的巧克力脆片饼干为研究工具，分别进行三种不同的实验，以纠正某些因子在口碑对消费者长期及短期决策行为中的影响②。实验结果显示，无论是短期或者长期，口碑行为对于该产品的消费者都具有高度的影响效果，尤其是当口碑信息由专家提供，或消费者面对"期望失真"(disconfirmation)的情境时，口碑信息的说服效果最为显著。所谓期望失真，就是指消费者所感受到的产品实际绩效与预期绩效有所差距，这种差距会使消费者产生不确定感(ambiguity)，进而更依赖专家口碑。此外决策的不确定性越高，口碑信息的价值也就越明显，对于消费者的最终决策就具有更大的影响力。Gilly 等(1998)也指出口碑传播者的专业性会影响口碑接收者的购买欲望和购买决策③。

很多研究者通过分析网络意见领袖对其他消费者态度和行为的影响，来证明口碑传播者的专业性和影响力是决定网络口碑传播效果的重要因素。虚拟社区中的意见领袖们在影响消费者购物决策和维系社区发展中起到了重要作用。在虚拟社区环境下，由于意见领袖具有在某个领域内的专业知识从而更加乐于向所在虚拟社群的其他成员贡献更多的知识，包括回复相关话题或主动发表个人建议。

归因理论认为，由于人们对于各类不同的行为意义有不同的归因，从而会对事物的行为产生不同的解释。独特性(distinctiveness)、一致性(consistency)和共同性(consensus)是三个重要的归因准则。研究中验证

---

① Mitchell V-W, Boustani P. A Preliminary Investigation into Pre-and Post-purchase Risk Perception and Reduction [J]. European Journal of Marketing, 1994, 28(1): 56 – 71.

② Bone P F. Word-of-mouth Effects on Short-term and Long-term Product Judgments[J]. Journal of Business Research, 1995, 32(3):213 – 223.

③ Gilly M C, Graham J L, Finley-Wolfinbarger M, et al.. A Dyadic Study of Interpersonal Information Search [J]. Journal of the Academy of Marketing Science, 1998, 26(2): 83 – 100.

了数个实验情境,发现当影评人对于某个电影的评论与该影评人以往的风格以及导演的偏好不一致(一致性低)或所有影评人的评价相似(具有共同性)时,影评人的评价对观众的影响较大,而观众的这一倾向过程被称作外在归因;当数位影评人都颇具盛名,且对于新的导演和知名导演都给予正面评价(共同性高)时,观众对于新导演的兴趣显著高于知名度高的导演,其合理解释就是新导演的作品代表了一种模糊刺激的情景,尤其是在知名影评人的推荐下,反而容易引起观众探索性的行为和"姑且一试"的心理。

除了口碑传播者的专业性,还有学者就口碑传播者的特征进行了研究。因为很多网络评论不仅关于产品本身,还能透露出口碑传播者自身的信息,比如有的网站支持匿名评论,有的网站会给评论者"顶级评论家"这类称号。Lane 等(2018)在研究同行评议制度中的男女性别差异时提出,传播者的匿名评论会影响评论的敏感性[1]。还有学者研究了专家评论的影响,表明"顶级评论家"的称号会改变他们的评论数量和评论效价。

(2) 口碑接收者

口碑接收者对于口碑信息的最终态度直接影响到口碑传播效果,同时由于不同的接收者可能有不同的偏好和对于不同信息的解读能力,因此口碑接收者的个体因素也对口碑传播的效果起到重要的作用。Xue 等学者(2004)发现口碑作用受到网络口碑接收者的产品涉入程度和网下口碑经验的调节[2];Chatterjee(2001)的研究指出负面网络口碑受到网络口碑接收者对于品牌和产品销售商熟悉度的影响,即消费者的品牌熟悉程度可以调

---

[1] Lane J N, Ankenman B, Iravani S. Insight into Gender Differences in Higher Education: Evidence from Peer Reviews in an Introductory STEM Course[J]. Service Science,2018,10(4):442-456.

[2] Xue F, Joseph E P. Internet-Facilitated Consumer-to-Consumer Communication:The Moderating Role of Receiver Characteristics [J]. International Journal of Internet Marketing and Advertising, 2004, 1(2): 121-136.

节负面网络口碑所产生的负效应,从而减少负面网络口碑对于消费者的影响[1];Bansal 和 Voyer(2000)还指出,口碑接收者对于口碑的解读能力还会非常严重地影响到接收者对于风险的认知和对于口碑搜索的态度,从而间接地影响口碑传播效果[2]。口碑的解读能力主要受到接收者的个体特性(如对于特定产品的偏好、对于不同产品的不同需求、对于不同信息的不同敏感度等)、受教育水平和专业知识的广泛程度等因素的影响;Yin 等(2016)通过采集 Apple's App Store 上的数据,发现消费者往往会认为那些和自己初始期望相一致的评论更为有用。他们还发现在产品平均评分偏高的时候,这种确认偏误(Confirmation Bias)导致消费者认为这些正面的口碑更为有用,反之亦然[3]。

值得一提的是,口碑接收者寻找并使用口碑信息的动机程度也影响了网络口碑传播效果。一般来说,人们寻找网络口碑信息是为了给购物决策找参考信息。然而,每个人的动机程度不同,导致不同人对口碑的关注度不同。当对口碑的关注动机低时,口碑接收者往往更关注总的统计评分;当对口碑的关注动机高时,口碑接收者关注更多的是产品详细信息,并且会仔细阅读详细的文本评论(Wu 等,2015)[4]。如果评论数量过多,口碑接收者甚至会采取一些选择性策略,比如只浏览某一部分的评论。Gottschalk 和 Mafael(2017)的研究显示,一些口碑接收者不怎么关注评论

---

[1] Chatterjee P. Online Review: Do Consumers Use Them [J]. Advances in Consumer Research,2001,28:133-139.

[2] Bansal H S, Voyer P A. Word-of-Mouth Process Within a Service Purchase Decision Context [J]. Journal of Service Research. 2000,3(2):166-177.

[3] Yin D, Mitra S, Han Z. Research Note—When Do Consumers Value Positive vs. Negative Reviews? An Empirical Investigation of Confirmation Bias in Online Word of Mouth[J]. Social Science Electronic Publishing,2016,27(1):131-144.

[4] Wu C, Che H, Chan T Y, et al. The Economic Value of Online Reviews[J]. Marketing Science,2015,34(5):739-754.

文本信息,他们主要依靠负面口碑效价来进行决策①。

另外,很多研究者将口碑传播者和口碑接收者结合起来研究,即研究他们之间的相似性和契合程度等。如 Schiffman 和 Kanuk(2006)认为,传播者的专业程度需要和接收者的专业性进行比较才能够体现出来,这不是一个固定可测的指标值②。在不同的接收者眼中,同一个传播者的专业度也会有所不同,因此传播者的专业能力是建立在口碑参与者(传播者和接收者)之间的相对认知的基础上的。Money 等学者(1998)在其研究中指出,从信息传播者和信息接收者角度,信息传播的效果有三点:①信息源(即信息传播者)的特性,包括专业程度和意见领袖;②信源(即信息传播者)和信宿(即信息寻求者或信息接收者)两者间的契合程度(Homophily);③信宿的特性(即信息接收者),包括专业程度和其对于口碑的偏好③。Lazarsfeld 和 Merton(1954)提出了相似性的概念,即认为大部分的传播者与接收者的沟通会因为彼此相似而产生④。同理,消费者之间的相似程度会增强口碑的说服效应,尤其是当口碑传播者和口碑接收者相互关联性较强的时候;Feldman 和 Merlin(1965)也认为接收者会从许多与个人相关的产品信息中选择与自己有共同产品需求和偏好的传播者作为信息来源,因此对于信息接收者而言,和自己具有相似性的信息来源比较可信,因此也

---

① Gottschalk S A, Mafael A. Cutting Through the Online Review Jungle—Investigating Selective eWOM Processing[J]. Journal of Interactive Marketing, 2017, 37: 89-104.

② Schiffman L G, Kanuk L L. Consumer Behavior [M]. Upper Saddle River: Prentice Hall, 2006:34.

③ Money R B, Gilly M C, Graham J. Explorations of National Culture and Word-of-Mouth Referral Behavior in the Purchase of Industrial Services in the United States and Japan [J]. Journal of Marketing, 1998, 62(10):76-87.

④ Lazarsfeld P F, Merton R K. Friendship as a Social Process: A Substantive and Methodological Analysis [M]. In M. Berger (Ed.), Freedom and Control in Modern Society. New York: Van Nostrand, 1954:79.

较具有影响力①。近些年的研究也得出了相似的结论:年龄、性别、区域、偏好等相似性会提高网络口碑对于口碑接收者的影响力,这些影响力表现在评论有用性、销售排名、口碑依赖程度、决策质量等方面(Packard et al.,2016;Zhao et al.,2013)②③,因为口碑传播者和接收者之间的相似度会促进平台使用者信任感的增加(He & Bond,2013)④。

此外 Herr 等学者(1991)通过"可达性—诊断力模型"对于口碑传播效果进行研究,他们将口碑信息的影响力解释为该信息在口碑接收者潜在记忆中的相对可达性(accessibility)和对于产品绩效进行预测时的诊断力(diagnosticity)⑤。可达性就是说信息在潜意识中被提取从而被应用的实际可能性。信息可达性的提高意味着口碑信息在口碑接收者进行选择和购买决策时的影响力提高了,因此信息的可达性也属于口碑接收者对于口碑传播效果影响相关的因素。

Bansal 和 Voyer(2000)对网络口碑在消费者购买决策影响的研究中,将影响消费者购买决策的因素分为人际来源(interpersonal)和非人际来源

---

① Feldman S, Merlin S. The Effect of Personal Influence in the Selection of Consumer Services [M]. In Peter Bennett(Ed), Marketing and Economic Development. Chicago: American Marketing Association, 1965:89.

② Packard G, Gershoff A D, Wooten D B. When Boastful Word of Mouth Helps versus Hurts Social Perceptions and Persuasion[J]. Journal of Consumer Research, 2016(1):1.

③ Zhao Y, Yang S, Narayan V, et al. Modeling consumer learning from online product reviews[J]. Operations Research, 2013,32(1):153-169.

④ He S X, Bond S D. Word-of-mouth and the Forecasting of Consumption Enjoyment[J]. Journal of Consumer Psychology, 2013, 23(4):464-482.

⑤ Herr P M, Kardes F R, Kim J. Effects of Word-of-Mouth and Product-Attribute Information on Persuasion: An Accessibility-Diagnosticity Perspective [J]. Journal of Consumer Research, 1991, 17: 454-462.

(non-interpersonal)两类①,而口碑传播者和口碑接收者各自的专业程度都被归为非人际来源。

1.2.3　网络口碑研究中对其他口碑要素的探讨

除了上文详细论述的口碑信息要素(信息载体)和口碑参与者要素(信源和信宿)对于口碑传播效果产生影响外,还有一些要素也对口碑传播效果产生作用。部分学者对于传播渠道的各类口碑平台与网络口碑传播效果之间的关系进行了研究:Chen和Wells(1999)提出口碑参与者对于口碑平台的态度会影响口碑传播效应②;Senecal等学者(2004)则在研究中根据是否具有商业性质和是否为第三方支持两个条件将网站划分为三类(纯商业性质类型、商业性质第三方支持类型和非商业性质第三方支持类型),同时指出消费者更加信任的口碑来源为第三方支持而非商业性质的网站,因此消费者在网络购物时会较多考虑由此类网站口碑所推荐的产品,从而说明网站的类型是影响网络口碑说服效果的因素③;Dabholkar(1996)在其研究中指出非商业网站更受消费者青睐是因为其提供的产品口碑来源于消费者自身,所以口碑参与者之间互动性较强。在互动中消费者可以寻求帮助、发表意见、吸收建议,同时进行快速决策和选择;而具有商业性质的第三方网站(商业性质的网站)仅提供信息,且互动较少,同时信息发布者很少来源于消费者自身,因此所提供的口碑信息对于消费者购买决策的帮助

---

① Bansal H S, Voyer P A. Word-of-mouth Processes Within a Services Purchase Decision Context [J]. Journal of Service Research, 2000, 3(2): 166-177.

② Chen Q, Wells W D. Attitude toward the Site [J]. Journal of Advertising Research, 1999, 39(5): 27-37.

③ Senecal S, Nante J. The Influence of Online Product Recommendations on Consumers' Online Choices [J]. Journal of Retailing, 2004, 80:159-169.

显然小于非商业性质的第三方网站①。

产品类型也会对口碑传播效果产生一定的影响。Nelson(1974)在其研究中把产品分为两类：一种为搜索型产品(search quality)，另一种为体验型产品(experience quality)②。其中搜索型产品的质量可以在购买之前通过搜索等一系列活动进行确定，通常一般功能性产品都属于这个范畴；而体验型产品的质量只能在消费后得出结论，通常服务类产品或者娱乐体验产品(如音乐会、电影等)属于这个范畴。而正是由于消费者难以在购买之前确定产品质量，因此体验型产品的购买者相对于搜索性产品的购买者而言更加依赖于他人的经验和口碑推荐。Liu(2006)通过实验的方式验证了这一点，他研究发现需要在消费后才能得出产品质量好坏结论的体验型产品对于网络口碑的敏感度更高，这也从另一个侧面体现了消费者对于风险规避的倾向③；同样 Bei 等学者(2004)的研究发现，与偏爱搜索类产品的消费者相比，偏爱体验类产品的消费者在较频繁地使用网络的同时更加乐于接受网络口碑④，与之相反，当消费者购买搜索型产品时，企业的产品网页则比第三方口碑网站更受消费者青睐。

口碑传播者和接收者之间的文化背景、价值观等会影响口碑参与者对于信息的表达、解读和使用，也会影响口碑传播。Money 等学者(1998)在

---

① Dabholkar P A, Thorpe D I, Rentz J O. A Measure of Service Quality for Retail Stores: Scale Development and Validation [J]. Journal of the Academy of Marketing Science, 1996, 24(1): 3-16.

② Nelson P. Advertising as Information [J]. Journal of Political Economy, 1974, 81: 729-754.

③ Liu Y. Word of Mouth for Movies: Its Dynamics an Impact on Box Office Revenue [J]. Journal of Marketing, 2006: 74-89.

④ Bei L, Chen E Y I, Widdows R. Consumers' Online Information Search Behavior and the Phenomenon of Search vs. Experience Products [J]. Journal of Family and Economic, 2004, 25(4): 449-467.

其跨文化口碑传播的研究中指出,由于日本人从小在崇尚合作、团结的集体主义文化中成长,因此和从小在崇尚个人主义文化中成长起来的美国人相比,更乐于从身边熟悉的亲朋好友处寻求建议和帮助,因此对于口碑信息的搜寻主动性和对于口碑信息的接收度都要强于美国人①。Fong 和 Burton(2006)则对中国消费者和美国消费者在 BBS 上的口碑传播行为进行了比较研究,发现网络口碑对中国消费者的影响比对美国消费者的影响更大②。这是因为中国消费者比较乐于分享和求助,同时中国传统的儒家文化构建了中国人低调和自谦的民族特性,所以中国消费者更愿意跟随大多数人的选择而很少标新立异。相反,美国消费者身处个人主义的文化背景中,很多时候他们更愿意相信自己的选择而不是跟随和从众。因此,两国不同的文化背景、市场特征造就了网络口碑对于两国消费者的不同影响。

口碑传播者使用的语言特征也会影响到网络口碑传播的结果。Kronrod 和 Danziger(2013)通过实验研究发现,当口碑传播者使用比喻型语言来描述娱乐放松型产品时,口碑接收者选择该商品的可能性会提升,这种正向效果在口碑传播者用正式语言评论功效型商品时也一样存在③。还有学者通过动态阶层线性模型(DHLM),发现诸如"买"这样的推荐词汇会影响口碑接收者。在论坛的帖子上,正向的词(比如"买""推荐")会提升

---

① Money R B, Gilly M C, Graham J. Explorations of National Culture and Word-of-Mouth Referral Behavior in the Purchase of Industrial Services in the United States and Japan [J]. Journal of Marketing,1998,62(10):76-87.

② Fong J, Burton S. Elecronic Word-of-mouth: A Comparison of Stated and Revealed Behavior on Electronic Discussion Boards [J]. Journal of Interactive Advertising,2006,6(2):7-62.

③ Kronrod, A., & Danziger, S. (2013). "Wii will rock you!" The Use and Effect of Figurative Language in Consumer Reviews of Hedonic and Utilitarian Consumption. [J]. Journal of Consumer Research,40(4),726-739.

销量,而负面的词汇(比如"别买")会降低销量,这一影响对成熟商品尤为明显。然而,长期来看,正向表达情感的词汇(比如"我喜欢这部手机")有更强的影响。此后,Yazdani 等(2018)的研究也表明,评论中的强烈情感可以提升评论的感知价值和销量[①]。

综上所述,有多种因素对网络口碑传播产生影响,从目前的研究来看,网络口碑作用的发挥主要受到以下因素的影响:

(1) 口碑信息要素。此因素即为传播四要素中的信息载体要素。口碑信息因素涉及口碑的数量、口碑的效价、口碑的离散程度和口碑信息内容等。

(2) 口碑传播者要素。此因素即为传播四要素中的信源要素。口碑传播者要素涉及口碑传播者的专业程度和意见领袖地位等内容。

(3) 口碑接收者要素。此因素即为传播四要素中的信宿要素。口碑接收者要素涉及口碑接收者的产品经验和品牌熟悉程度、口碑接收者的产品涉入程度和口碑接收者的知觉风险等内容。

(4) 口碑参与者之间的关系要素。此要素主要涉及口碑传播者与口碑接收者之间的相似性、口碑传播者与口碑接收者之间的相对认知和口碑传播者与口碑接收者之间的契合程度等内容。

(5) 部分研究者关注与口碑传播相关的其他要素。此要素主要涉及口碑接收者对于口碑传播平台的态度、口碑网站的类型、口碑传播的文化背景和口碑产品类型等内容。

---

① Yazdani E, Gopinath S, Carson S. Preaching to the Choir: The Chasm Between Top-Ranked Reviewers, Mainstream Customers, and Product Sales[J]. Marketing Science, 2018, 37(5):838-851.

1.3　现有研究的不足

从上文综述可以看出,以往的研究主要是从口碑信息(对于信息载体要素进行测量和内容分析)、口碑传播参与者(对于口碑传播者和接收者的各类属性特征进行研究)和产品类型(对于不同产品类型进行讨论)等相关角度对网络口碑进行研究,而与信息传播密切相关的传播过程中的信息表达方式、传播过程中的参与者关系强度、传播过程中所形成的人际网络结构以及口碑传播的方式等要素却涉及有限。同时,前期对于网络口碑的研究主要集中在对于口碑传播相关的某些独立要素进行理论探讨,很少涉及对于要素整体综合评估的指标方案,更少有关于网络口碑对于企业的应用性研究。下面将对于网络口碑过往研究中的欠缺进行说明从而引导出本书在研究中需要努力的方向。

(1) 重视信息测量和消费者属性,忽视传播过程

很多研究都强调与口碑信息和口碑参与者相关的口碑效应的因素。文献回顾表明,关于口碑信息和口碑参与者相关要素的研究占到绝大部分,却少有和传播过程要素相关的研究,然而网络口碑传播作为信息传播中的一种,应当重视如下与口碑传播过程密切相关的若干要素。

① 口碑信息表达方式

学者们对于从口碑信息测量(涉及口碑的数量、口碑的效价和口碑的离散程度等)到口碑内容的分析已经相当深入了,然而却很少有学者对口碑传播过程中口碑信息的表达方式进行研究。Mcmillan(2004)在其关于网络交互和传播的研究中指出,网络口碑的趣味性特点比网络口碑在交互中所具备的其他特点(口碑传播的实时性、非时空限制性和实用性等)对消费者的购买意图和购买行为有更大的影响力,这点也更加说明了对口碑传播过程中信息的表达方式(如有趣的、平淡的、中立的、个人的等)要素进行

研究的必要性①。

② 口碑参与者关系强度和人际网络结构

学者们对于口碑参与者相关的各类属性要素已经有了广泛和深入的研究,不仅涉及口碑传播者和口碑接收者的专业程度、个人偏好,还涉及口碑传播者和口碑接收者之间的同质性、相互认知程度等,但是对于传播过程中参与者之间互动关系的程度以及传播网络所形成的结构却少有研究涉及。如今各类虚拟社区的不断发展和完善,人际关系强度和人际网络结构也变得越来越复杂,因此对于网络口碑传播中参与者关系强度和人际网络结构要素的研究还有待进一步加强。

③ 口碑信息传播方式

从上文的文献综述中可以看出,过往研究对于口碑传播过程四要素中的口碑传播者要素(信源)、口碑接收者要素(信宿)和口碑信息要素(信息载体)都有所涉及,而对于口碑传播渠道要素(信道)却鲜有关注,仅有一些学者从信息传播平台的类型角度对口碑传播渠道进行研究。而随着网络技术的发展,各种各样的交流平台如雨后春笋般出现,传统的面对面交流已不是唯一的口碑交流方式,取而代之的是各类不同网络口碑传播方式,如电子邮件(一对一交流)、电子公告系统(一对多交流)等。不同的传播渠道有不同的口碑传播方式,进而不同的传播方式带来的效果也会有所不同,因此对于传播方式要素的研究需要引起足够重视。

(2) 重视独立要素的测量,缺少综合评估方案

尽管学界对于网络口碑信息的计量指标(如网络口碑数量、网络口碑效价和网络口碑离散程度等)已有深入的研究,使网络口碑研究突破了传统面对面口碑交流难以量化的束缚从而更具有科学性和解释力,但目前对

---

① Mcmillan S J. Effects of Structural and Perceptual Factors on Attitude Toward the Website [J]. Journal of Advertising Research,2004,43(4):400 - 421.

网络口碑的综合评估还缺乏科学衡量的标准及规范的方案步骤,因此有必要对网络口碑进行识别和细化,从而提供更为清晰的测量、评估方案。而对于以上提出的这些都有待进一步的深入研究。

(3) 重视从众效应的理论研究,忽略反馈效应的实际应用

概括地说,网络口碑传播效果包括两个方面,一个是口碑传播引起的效仿行为(即口碑的跟随效应和口碑的从众效应),另一个是口碑传播引起的反馈机制(即口碑的反馈效应)。而前期的研究非常重视对影响口碑跟随效应和从众效应各要素的研究,例如口碑和企业销售量的关系研究,而忽略了网络口碑的反馈的研究,即口碑在影响企业声誉、品牌形象中的体现,至于如何在实际中应用口碑反馈机制更是少有研究。Dellarocas(2003)的研究明确指出网络口碑可以帮助企业区分消费者需求,了解自身产品和服务的不足之处,从而建立和塑造健康的品牌形象[①]。具体来说,网络口碑反馈机制不仅可以帮助企业低成本、高效率地获得消费者对于品牌满意度的一手资料,使企业在对自身产品更加了解的基础上做好产品和服务的改进工作,同时还可以让公司快速应对负面口碑所引出的危机事件。因此如何通过口碑反馈机制对企业品牌进行有效评估,以及如何从消费者反馈中提取消费者需求、了解产品的不足之处,从而建立和塑造健康的品牌形象等问题都需要进一步探讨。

1.4 研究思路与主要内容

本书对网络口碑的研究划分为两个要点:第一个要点是从用户角度研究网络环境中的口碑对消费者效仿行为产生影响的各个要素;第二个要点

---

① Dellarocas C. The Digitization of Word-of-Mouth: Promise and Challenges of Online Reputation Mechanisms [J]. Management Science, 2003, 49(10): 1407-1424.

是从网络反馈的角度探讨企业如何从消费者反馈中提取有用数据和指标从而对于企业品牌管理和品牌形象建设给予指导。其中关于用户部分，本书从信息传播角度和人际网络结构角度分别对网络口碑效应进行理论和实证研究。而关于口碑反馈机制部分，本书首先构建了一套企业品牌评估指标，接着建立了一套基于网络口碑反馈机制的品牌评估方案，最后以实证的方式对这套方案进行研究，从而给出在网络环境中企业品牌管理的一些措施和建议。

根据以上研究思路，本书拟采用如下方法进行研究：

（1）文献调研法

调研国内外网络口碑相关文献，在了解前人的研究思路、研究方法和借鉴相关可用理论的基础上进一步明确本研究的范畴，同时也为本研究的深入展开提供理论、方法和实证支持。

（2）内容分析法

内容分析方法是口碑研究中较为常用的方法，主要通过内容分析方法来解释口碑内容，以及进行正面口碑（Positive Word-of-Mouth，PWOM）与负面口碑（Negative Word-of-Mouth，NWOM）的区分。本书在网络口碑反馈机制部分中将使用到内容分析方法，从信息内容的角度对口碑信息的效价（PWOM & NWOM）进行提取和分析。

（3）统计分析法、链接分析法和社会网络分析方法

应用以上三种方法完成本书实证统计章节部分的研究，本书主要应用SPSS、UCINET和PAJEK等软件来对口碑信息传播网络进行分析，以期望获取口碑信息交流之间的结构特征和规律。

（4）调查研究方法和深度访谈方法

调研和访谈方法主要用于获取与用户相关的主观变量以期完成本书中定性数据的获取。调研方法主要是根据调研目的开发出相应的调研量表，同时对此量表进行信度和效度的验证，通过预调研作为调研前期的检

测指标来对调研的可行性、调研的准确性进行控制;深度访谈方法主要为了获取调研量表中无法获取的用户隐性指标,同时也可以通过深度访谈对前期调研效果进行进一步验证和考量。本书的总体研究思路如图1-1。

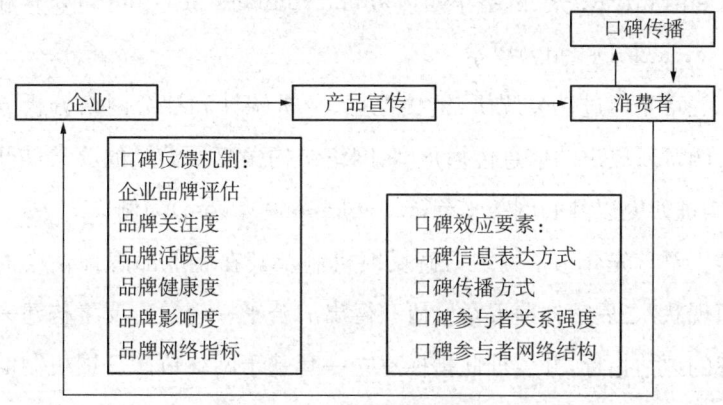

图1-1 总体研究思路

基于以上的研究思路,本书内容概述如下:

第一章主要介绍了研究背景和研究意义,明确了研究对象,同时对于国内外的研究现状进行了详细综述,最后概要阐述了本书的研究思路和方法,并给出全文内容总体框架与相应的技术路线。

第二章详细介绍了网络口碑的基础概念、分类及其特征,为研究概念做了明确的界定。

第三章详细介绍了网络口碑传播的相关研究。本书将网络口碑和网络口碑传播分为不同章节进行阐述,因为网络口碑是一个静态的名词,更注重消息内容,而网络口碑传播则涉及更多的要素,比如传播的动机、对象、平台等。因而第三章阐述了网络口碑传播涉及的主要要素,及其主要基础理论和模型。

第四章引入了网络口碑传播效应这个概念,并分别从信息传播角度和人际网络结构角度对网络口碑效应相关的各个要素进行介绍。其中信息传播角度涉及口碑传播过程中的信息要素(口碑信息的表达方式)、口碑参与者关系要素(口碑参与者关系强度)和传播手段要素(口碑信息的传播方式);而人际网络结构角度则涉及与社会网络结构相关的网络中心度(Network Centrality)要素、网络小团体数目(Numbers of Groups)要素和网络密度(Network Density)要素。

第五章是通过社会调研、链接挖掘、分析统计和社会网络分析方法分别对第四章所提出的信息传播角度、网络结构角度所涉及的要素展开实证研究,实证研究以开心网络平台(www.kaixin001.com)为例。

第六章首先介绍了网络口碑反馈机制及其在企业品牌评估中的作用和应用现状,之后依据前五章所研究得出的若干口碑效应要素构建一套企业品牌的评估指标,并依据此指标建立一套基于网络口碑反馈机制的品牌评估方案。接着,以天涯论坛(http://www.tianya.cn/bbs/index.shtml)为实例,对于这套方案进行实证研究,并给出在网络环境中企业品牌管理的一些措施和建议,以期为当前网络环境中企业品牌宣传效果的测量和舆论监管工作提供参考模型和依据。

第七章作为结语部分,总结归纳了本研究的主要内容,并阐述了其中的不足之处以及对后续研究的展望。

2 网络口碑概念与特征

2.1 口碑与网络口碑

在当代信息社会中,口碑正成为影响现有客户与潜在客户对产品或服务做出购买决策的重要信息来源之一。同时,口碑也越来越多地被运用于企业与客户的沟通行为中,成为一种十分重要且获益显著的营销方式。

口碑是人与人之间非正式传递想法、评论、意见的信息交流行为。学界对于口碑的界定始于 1954 年,它被定义为一种特殊类型的沟通(Whyte,1954)[1]。随后,学者们开始从消费者行为的角度研究口碑并对其进行表述。抽象的表述包括口碑是没有商业意图的、介于传播者之间的一种口头谈论某一产品、服务或品牌的对话过程,此过程会产生非正式的群体影响(Arndt,1967)[2];口碑是人与人之间非正式传递的想法、评论、意见或信息,且参与交流的双方不是企业营销人员等(Blackwell,2006)[3]。也有

---

[1] Whyte W H. The Web of Word-of-Mouth [J]. Fortune, 1954(1): 140 – 143.

[2] Arndt J. Role of Product-related Conversations in the Diffusion of a New Product [J]. Journal of Marketing Research, 1967: 291 – 295.

[3] Blackwell R D, Miniard P W, Engel J F. Consumer Behavior [M]. Fort Worth: Harcourt College Publishers, 2006: 19.

学者从营销学的角度进行研究,认为口碑是用户对其他用户过去的经历或经验进行加工,从而产生购买意愿的前提变量(Godes & Mayzlin,2004)①。

随着网络的兴起,口碑信息在人际间的传播不再局限于面对面的接触。消费者不仅可以通过主动搜索获取各类口碑信息,还可以通过不同的网络传播媒介,例如微信公众号、朋友圈、微博、短视频平台,将自身的意见、经验与评论传播出去。因此,与通过口耳相传的非公开人际互动方式进行传播的传统口碑相比,网络口碑则是在开放的公众环境中进行互动和交流的。

网络口碑顾名思义指的是在网络上传播的口碑信息。网络口碑最早是指通过计算机技术和互联网环境所传播的口碑信息(Gelb & Johnson, 1995)②。随后,口碑传播的形式从面对面交互的声音逐渐变为网络键盘沟通的文字,在网络上主动发帖者可视为网络口碑的初始传播者(Christiansen & Tax,2000)③。网络的出现不仅使消费者拥有了通过浏览网页来收集其他消费者提供的关于产品的信息与产品使用经验的能力,还赋予了消费者对于产品或服务的信息进行分享与表达的能力(Henning-Thurau,2004)④,这类分享的成果被称为网络口碑,又被称为电子口碑(Electronic Word-of-Mouth)或者鼠标口碑(Word-of-Mouse)。据统计,有高达93%的消费者会

---

① Godes D, Mayzlin D. Using Online Conversations to Study Word of Mouth Communication [J]. Marketing Science, 2004, 23(4): 545-560.
② Gelb B, Johnson M. Word-of-Mouth Communication: Causes and Consequences [J]. Journal of Health Care Marketing, 1995, 15(3): 54-58.
③ Christiansen T, Tax S S. Measuring word of mouth: The questions of Who and When? [J]. Journal of Marketing Communications, 2000, 6(3): 185-199.
④ Henning-Thurau T, Gwinner K P, Walsh G, Gremler D D. Electronic Word-of-Mouth via Consumer-Opinion Platforms: What Motivates Consumers to Articulate Themselves on the Internet [J]. Journal of Interactive Marketing, 2004, 18(1): 38-52.

在做购买决策时参考网络口碑(Podium,2017)①。与此同时,网络上存在着大量口碑信息可供参考。每天,网络上有超过1亿条提及某产品或品牌的推文,各购物平台也提供了数以百万的评论信息②。网络口碑不再是简单的口碑传播者到口碑接收者单向传播的信息,它涉及多个口碑传播的角色——网络口碑传播平台、卖家、买家以及其他消费者都对网络口碑有所贡献(Moore & Lafreniere,2020)③。

2.2 网络口碑的分类

2.2.1 从用户消费体验维度分类

用户对商品、服务等消费结果进行评判,可以形成正效应网络口碑和负效应网络口碑两大类网络口碑。其中,正效应口碑包含正面网络口碑与中性网络口碑。其评判的标准是实际与预期的差异度,往往具有主观性。

(1) 正效应网络口碑

正面网络口碑的典型特征是网络口碑传播者的传播内驱力与企业的经营目标相一致,存在正面动机。正面动机一般划分为三种情形:一是网络口碑传播者对产品(服务)高度满意的自我满足和示范性的外部性行为表达;二是网络口碑传播者受到企业回报的刺激;三是网络口碑传播者认同企业而发自内心帮助它。

---

① Podium. Complete Guide to Online Reviews [EB/OL]. https://www.podium.com/resources/podium-state-of-online-reviews,2019-6-17.

② Internet Live Stats. Twitter Usage Statistics [EB/OL]. https://www.internetlivestats.com/twitterstatistics/,2019-8-5.

③ Moore S G, Lafreniere K C. How Online Word-of-mouth Impacts Receivers [J]. Consumer Psychology Review,2020,3(1):34-59.

中性网络口碑的典型特征是网络口碑传播者的传播内驱力与企业的经营目标可能不相关,动机较为中性。中性动机亦有三种情形,一是网络口碑传播者的传播目的在于参与网络互动;二是网络口碑传播者习惯性行为,例如喜欢写网络评论和抒发自我感受等;三是网络口碑传播者的公民行为,例如喜欢信息共享或者作为某个论坛金牌会员支持其发展等(张晓飞、董大海,2008)。

(2) 负效应网络口碑

负面动机。负面动机的典型特征是网络口碑传播者的传播内驱力与企业的经营目标相悖。负面动机也有三种情形:一是网络口碑传播者对产品(服务)极度不满意的情感宣泄和寻求心理平衡;二是网络口碑传播者警示他人,防止遭遇类似风险;三是寻求经济与心理的补偿,甚至是报复(张晓飞、董大海,2008)[①]。

2.2.2 从发起者维度分类

网络口碑最初是消费者主动自愿分享的行为,但随着网络营销发展,网络口碑的发起者也呈现多样化的趋势。目前,从发起者维度分类,网络口碑传播大致可分为消费者式网络口碑、商家式网络口碑、对手式网络口碑[②]。由于各口碑发起主体的利益不同,其表现形式和特点也各有不同。

(1) 消费者式网络口碑

消费者式网络口碑是消费者分享购物感受的个人行为。它的特点是主观性、片面性,表现形式也多样化,但更加贴近用户自身,如即时评价、转载、参与讨论等。当多个消费者口碑观点相近时,则可能形成群体意见,从

---

① 张晓飞,董大海.网络口碑传播机制研究述评[J].管理评论,2011,23(02):88-92.

② 胡发刚,张英彦.网络口碑的内涵、分类及其对消费者购买意愿的影响[J].编辑之友,2018(09):68-72.

而扩大其他群体成员的影响力度,如某商品的置顶评论,点赞最多的评论等。因此,这种消费者式口碑十分有助于企业收集意见或发现意见领袖。

(2) 商家式网络口碑

商家式网络口碑是商品企业为推销新产品或提升现有产品知名度、企业知名度而采取的一种网络广告行为,其表现形式分为产品软文和产品专题讨论区。商家式网络口碑的特点是具有引导性和宣传性,且企业自身对于口碑内容具有很强的控制力,能够给消费者带来有关此商品官方、权威的评价。

(3) 对手式网络口碑

对手式网络口碑以打击同行为目的,同行的竞争者通常会采用诋毁、造谣等不良的评论方式来形成对商家十分不利的口碑,具有报复性、虚假性的特点。

2.2.3 从传播渠道维度分类

互联网中信息的传播渠道具有多样化、更新快的特点。在网络初期,电脑终端是通用形式,而现在的智能通信设备,特别是移动端极大地弥补了电脑终端移动性不足的问题,与互联网的对接不再受制于时间和空间,因而网络口碑的渠道也在不断扩展中。从传播渠道维度进行分类,网络口碑传播大体分为即时评价式网络口碑、讨论式网络口碑、自媒体推广式网络口碑三种。

(1) 即时评价式网络口碑

即时评价式网络口碑现多用在购物平台中,尤其是各商品的评价模块,消费者可在平台中提交购物评价、分享购物感受;由于即时评价的个体消费行为较多,特别是近几年,有电商卖家利用虚假手段或好评返现等方式来获取正面评价,且不少消费者为获得平台积分而进行虚假评价、无内容评价等,导致出现了即时评价式网络口碑信息量偏少、质量偏低的现象发生。

(2) 讨论式网络口碑

讨论式网络口碑指论坛、社区等地区形成的主题性讨论,比如知乎社区、百度贴吧、新浪微博、豆瓣等。论坛、社区的参与人数多,且可以建立起共同的讨论主题,使得评级内容较为繁复、客观,信息内容丰富。

(3) 自媒体推广式网络口碑

自媒体推广式网络口碑则是指借助名气大的自媒体或是粉丝数量较多的博主作为媒介,进行针对粉丝的商业宣传和产品推广。由于自媒体或博主的可信度对粉丝而言有所保障,因此他们通过视频或文字的形式将产品介绍或使用感受进行推送时,粉丝群体也会对相关产品产生信赖。

2.3 网络口碑的特征

由于网络口碑拥有多元化的信息载体、更加可信的传播者、各式各样的传播渠道和非线性的传播方式,因此网络口碑相较于传统口碑传播影响更大(Phelps J E,2004)[1]。综合网络口碑定义及其特征要素的分析不难发现,网络口碑与口碑在属性、行为主体的主动性与沟通内容上具有完全相同的特征,而在媒介上则完全不同,另外在行为主体的性质、数量、关系强度、互动性、商业性上具有较大的不确定性(董大海、刘琰,2012)[2]。

从口碑信息载体形式来看,传统口碑限制在人与人之间面对面地交流,因此交流过程主要依靠语言、面部表情等来了解口碑的信息。而网络口碑借助网络平台进行传播,其形式多为数字化的信息,其中包括文字、图片、声音、视频等。

---

[1] Phelps J E, Lewis R, Mobilio L, Perry D. Viral Marketing or Electronic Word-of-Mouth Advertising: Examining Consumer Responses and Motivations to Pass Along Email [J]. Journal of Advertising Research, 2004, (11): 333-348.

[2] 董大海,刘琰. 口碑、网络口碑与鼠碑辨析 [J]. 管理学报, 2012, 9(3): 428.

从口碑传播主体来看，传统口碑传播由于传播空间上的限制，一般是在家人、同事和亲戚朋友等熟人之间的强关系人际网络中进行的，而网络口碑借助了先进的信息技术和无边界的网络平台（电子邮件、即时通信工具、电子公告栏系统和独立的第三方消费点评平台），将传统口碑人际网络大大拓展了，不仅包含了交往密切的亲戚朋友，还包含了交往不是非常频繁的一般性朋友，甚至包括了通过网络平台所认识的陌生人。

从口碑传播平台来看，传统口碑局限于面对面交流，因此可能受到如距离、时差、交流障碍等多方面的限制，导致口碑传播的效率不够高。而网络口碑则较好地解决了这些问题，网络口碑可以在多个网络平台进行传播，如用户可以通过社交网站、网络社区等多种渠道了解产品信息和使用感受，同时用户也可以通过这些渠道发布自己关于产品的使用感受，充当产品口碑传播者的角色。因此我们可以看出，网络口碑消除了许多传统口碑传播中存在的障碍，如时间障碍、距离障碍等（李仪凡，2009）[1]。

从口碑传播方式来看，传统口碑被限制于人与人面对面的交流，是一种一对一的交流方式。而网络口碑的传播则可以通过多种方式，如即时通信工具中的一对一方式，或是通过直播、网络社区评论等一对多方式，又或是通过建立群组讨论的多对多方式。

从口碑传播效果来看，传统口碑由于只能在人际间面对面传播，因此其传播速度受到局限，传播效率也因此较差。而网络口碑借助网络平台，可以实现病毒式、几何指数级的速度传播，在短时间内达到极高的传播效率。

---

[1] 李仪凡. 互联网用户体验结构模型——以 Flow 理论挖掘网站功能、社会属性作用机制[D]. 上海：复旦大学，2009.

3 网络口碑传播相关研究

3.1 网络口碑传播相关概念

3.1.1 网络口碑传播定义及其特征

传统的口碑传播(word-of-mouth communication)通常被定义为出于非商业目的,通过人际间面对面(face to face)接触的方式传播自己对于某种产品或服务态度的过程。Arndt(1967)将口碑传播视为一种非正式的群体影响(informal group influence),定义为没有商业意图的、介于传播者间的一种口头谈论某一产品、服务或品牌的对话过程[①];Westbrook(1987)则将口碑传播定义为消费者间对于企业产品特征或品牌形象的非正式沟通[②];Bone(1995)在研究口碑传播对于消费者产品判断力的影响时将口碑传播定义为人与人之间的沟通,他同时还强调了这类沟通中的任何一方均

---

① Arndt J. Role of Product-related Conversations in the Diffusion of a New Product [J]. Journal of Marketing Research, 1967: 291 - 295.

② Westbrook R A. Product/Consumption-Based Affective Responses and Post purchase Processes [J]. Journal of Marketing Research, 1987, 24: 258 - 27.

没有商业营利性目的①;Duhan 等学者(1997)则认为口碑传播过程是人际交流(interpersonal communication)的过程,主要指人际间面对产品、品牌或者服务的一种交互过程,此沟通过程不包括有商业性质的沟通或者推荐②;Silverman(2001)将口碑传播定义为消费者间通过厂商营销管道之外的途径所进行的有关产品和服务的沟通③;Lau 和 Ng(2001)认为口碑传播是与产品相关的非正式人际沟通过程④;另外,还有研究者则认为口碑传播为人与人之间非正式的传送想法、评论、意见或信息的过程,并且参与交流的双方不是企业销售人员。现将以上各学者对于传统口碑传播的定义归纳整理为表 3-1。

表 3-1 传统口碑传播的各类定义

年代	学者	口碑传播定义
1967	Arndt	没有商业意图的、介于传播者间的一种口头谈论某一产品、服务或品牌的对话过程
1987	Westbrook	消费者间对于某企业产品特征或品牌形象的非正式沟通
1995	Bone	人与人之间的沟通(沟通中的任何一方均没有商业营利性目的)
1997	Duhan et al.	人际间面对产品、品牌或者服务的一种交互过程,此沟通过程不包括有商业性质的沟通或者推荐

---

① Bone P F. Word-of-Mouth Effects on Short-Term and Long-Term Product Judgments [J]. Journal of Business Research,1995,32(3):213-223.

② Duhan D F,Johnson S D,Wilcox J B,Harrell G D. Influences on Consumer Use of Word-of-Mouth [J]. Journal of Academic of Marketing Science,1997,25:283-295.

③ Silverman G. The Secrets of Word-of-Mouth Marketing:How to Trigger Exponential Sales through Runway Word-of-Mouth [M]. New York:AMACOM,2001:12.

④ Lau G T,Ng S. Individual and Situational Factors Influencing Negative Word-of-Mouth Behavior [J]. Canadian Journal of Administrative Sciences,2001,18(3):163-178.

续 表

年代	学者	口碑传播定义
2001	Blackwell et al.	人与人之间非正式地传递想法、评论、意见或信息的过程,并且参与交流的双方不是企业销售人员
2001	Silverman	消费者间通过厂商营销管道之外的途径所进行的有关产品和服务的沟通
2001	Lan & Ng	与产品相关的非正式人际沟通过程

随着网络的兴起,口碑信息在人际间的传播不再局限于面对面地接触。消费者不仅可以通过主动搜索获取各类口碑信息,还可以通过不同的网络传播媒介,例如讨论区、聊天室、留言板等,将自身的意见、经验与评论传播出去。因此,与通过口耳相传的非公开人际互动方式进行传播的传统口碑相比,网络口碑则是在开放的公众环境中进行互动和交流,它的扩张力和所辐射的范围都是传统口碑所无法超越的,所以说网络口碑传播影响因素将更加多元,传播效力更加巨大;Hanson(2000)将网络口碑传播定义为凭借网络媒介(如电子邮件、社会网络论坛等),以计算机为媒介的口碑传播形式[1];Newman(2003)[2]和 Datta 等(2005)[3]都将网络口碑传播定义为消费者通过网络媒介进行的信息交互过程,而其中 Datta 则对于消费的类型,即潜在消费者、早期使用者和忠诚客户进行了分别阐述;Kim 和 Lee(2005)则提出了口碑传播的两种方向,一种是口碑接收者主动搜索,另一种则是口碑传播者主动发送,接收者只是被动接收、阅读等,同时他也对网

---

[1] Hanson W A. Principles of Internet Marketing [M]. Ohio: South Western College Publishing, 2000: 43.

[2] Newman M E J. The Struture and Function of Complex Networks [J]. SIAM Review, 2003, 45(2): 167 - 256.

[3] Datta P R, Chowdhury D N, Chakraborty B R. Viral Marketing: New Form of Word-of-Mouth through Internet[J]. The Business Review, 2005, 3(2): 69 - 75.

络口碑极性(正口碑或负口碑)进行了说明①。现将各学者对网络口碑传播的定义归纳总结为表3-2。

表3-2 网络口碑传播的各类定义

年代	学者	网络口碑传播的定义
1995	Gelb & Johnson	通过计算机技术与互联网环境所传播的口碑信息
2000	Christiansen & Tax	网络使口碑传播的形式从面对面交互的声音变成网络键盘沟通的文字,网络主动发帖者可视为网络口碑的初始传播者
2000	Hanson	以计算机网络为媒介的(例如电子邮件、论坛等)口碑传播形式
2001	Chatterjee	通过公告栏或者即时聊天工具等互联网途径完成的消费者之间的信息交流
2003	Dellarocas	客户对于企业产品和服务的直接反馈,是企业声誉的反馈系统
2003	Newman	若干消费者之间发生的以网络为媒介进行信息交互的过程

综上所述,由于网络口碑拥有多元化的信息载体、更加可信的传播者、各式各样的传播渠道和非线性的传播方式,它比传统口碑传播影响力更强。表3-3从信息传播视角对网络口碑传播和传统口碑传播进行了比较。

表3-3 (信息传播视角下)网络口碑传播和传统口碑传播的比较

信息传播相关要素	网络口碑	传统口碑
口碑信息载体形式	数字化的多媒体信息,包括文字、图片、声音、小视频等	语言、声音和面部表情
口碑传播主体 (信源 & 信宿) 关系强度	既可以是亲朋好友等熟人(强关系),也可能是素不相识的陌生人(弱关系)	亲朋好友等熟人(强关系)

---

① Kim E, Lee B. E-CRM and Digitization of Word-of-Mouth [J]. International Journal of Management Science,2005,11(3):47-60.

续 表

信息传播相关要素	网络口碑	传统口碑
口碑传播平台(信道)	Email、BBS、MSN、QQ、网络社区、网上论文等	人际间的面对面接触
口碑传播方式	一对一、一对多和多对多	一对一
口碑传播效果	病毒式、几何指数级的速度传播	受到一对一传播的限制,传播速度很慢

通过以上比较,我们可以得出在传播交互过程中,网络口碑传播与传统口碑传播相比具有如下几个特点:

(1) 不受时空的限制。即网络使用者可以在任何时间、任何地点发布关于某次消费的体验,也可以通过网络在弹指间完成信息的搜索、阅读和传递,也正因为此种便利性促成了网络口碑数量达到前所未有的规模。

(2) 交互性。随着信息和通信技术的发展,参与口碑交流的双方借由网络通信技术能够轻松地实现互动(Hoffman D L & Novak T P,1996)①。除此之外,大多数网络口碑是动态的,随时有网民回复、更新和修改口碑信息。

(3) 匿名性。即参与口碑传播的用户在很多情况下并不知道和自己交互的朋友的真实身份。网络口碑的这一特征利弊参半,匿名性的好处是信息传播者在无须顾及情面和利害关系的情况下,不用担心所发表的负面评价给自己造成负面困扰,因此会非常愿意提供对于产品或者服务的真实想法和意见(Gelb B D & Sundaram S,2002)②;匿名性的不利之处在于,网络平台的虚拟特性给厂商操控口碑信息提供了可能,厂商可以比较容易地在网上通过发布虚假的信息诋毁竞争对手,或者提高自己的声誉(Friedman

---

① Hoffman D L,Novak T P. Marketing in Hypermedia Computer Mediated Environments: Conceptual Foundations [J]. Journal of Marketing,1996,60(3):50-68.

② Gelb B D,Sundaram S. Adapting to Word-of-Mouse [J]. Business Horizons,2002(2):21-25.

E & Resnick P,2001)①,这会在很大程度上误导消费者根据网络口碑做出错误的购买决策。

(4) 易测量性。传统口碑往往难以跟踪和把握,因为它是消费者间口耳相传的私密人际交互过程,因此对其的测量也非常耗时费力,有时即使只是试图获取口碑信息都困难重重,就更谈不上对口碑信息所反馈的内容进行分析和快速反应。然而网络环境却将口碑的传播变成了有形的过程,为研究者和厂商测量提供了极大的方便。

(5) 反馈性。网络环境使厂商和研究者可以通过搜索功能,轻而易举地取得所需的相关信息。厂商由此能够很方便地对消费者反馈进行实时监控从而及时和准确地了解消费者对产品或者服务的意见以及定位企业当下遇到的问题,有助于企业针对性地与"问题消费者"进行有效沟通,从而对危害品牌的危机事件做出快速反应。因此,我们可以将网络口碑的反馈性作为企业识别消费者满意度的风向标和产品质量的预警器。

3.1.2 网络口碑传播动机

网络口碑是口碑传播在互联网发展和消费者角色转变的背景下诞生的,网络口碑传播和传统口碑传播是一脉相承的关系。因而,在探讨网络口碑传播动机之前,也有必要对传统口碑传播的动机进行回顾。

口碑传播动机(motive)是口碑传播研究的一个重要方面。早期学者提出了关于正面口碑传播的四大动机:产品涉入、自身涉入、他人涉入以及信息涉入。随后相关学者对早期模型进行了修正,添加了新的关于负面口碑传播的动机——降低不协调性。

后来,随着对传统口碑动机的研究逐渐完善,出现了面向负面口碑和

---

① Friedman E, Resnick P. The Social Cost of Cheap Pseudonym [J]. Journal of Economics and Management Strategy, 2001, 10(1): 173-199.

正面口碑动机的系统分析,认为参与正面口碑传播的动机包括:利他主义、产品涉入、自我强化和帮助企业。参与负面口碑传播的动机则包括:利他主义、减少焦虑、报复和寻求建议。20世纪末,涌现了大量与传统口碑传播动机相关的研究。在此总结了几位著名学者提出的口碑传播动机概念,将其汇总在表3-4中。

表3-4 学者提出的口碑传播动机

作者	动机	描述
Dichter (1966)①	产品涉入(+)(Product-involvement)	消费者对消费的产品产生一种强烈的情绪,通过向其他人推荐该产品来缓解由消费经历引起的紧张感
	自身涉入(+)(Self-involvement)	提供产品评价和推荐是口碑发出者满足自身某种情感需求的一种途径
	他人涉入(+)(Other-involvement)	口碑传播行为表现了对接收者的关心
	信息涉入(+)(Message-involvement)	由广告、商业行为或者公共关系引起的讨论
Engel et al. (1993)②	参与性(+)(Participation)	对所讨论话题的感兴趣程度或涉入度的高低
	自我强化(+)(Self-enhancement)	向其他人推荐产品或服务可以引起他人注意,显示自己的鉴赏力和地位,表现自己知道内情和自身的优越感
	利他主义(+)(Altruism)	自发地帮助朋友或其他人做出更好的购买决策而不求回报
	娱乐性(+)(Entertaining)	从谈论某些广告或销售诉求中得到乐趣
	降低不协调(-)(Dissonance reduction)	降低对重要购买决策的认知不协调

---

① Dichter E. How Word-of-Mouth Advertising Works[J]. Harvard Business Review, 1966, 16(6):147-166.

② Engel J. F., Blackwell, R.D., & Miniard, P.W. Consumer Behavior(8 th ed.)[M]. Fort Worth: Dryden Press, 1993.

续　表

作者	动机	描述
Sundram et al. (1998)①	利他主义（＋）（Altruism）	不求回报地帮助他人
	产品涉入（＋）（Product involvement）	对产品的个人兴趣，从拥有和使用产品中获得的兴奋感
	自我强化（＋）（Self-enhancement）	通过突出自己是精明的购物者来提高自己在其他消费者眼中的形象
	帮助企业（＋）（Helping the company）	帮助特定的企业
	利他主义（－）（Altruism）	告诫其他人不要再重复自己的错误
	减少焦虑（－）（Anxiety reduction）	减轻生气、焦虑和懊恼的情绪
	报复（－）（Vengeance）	由于不满意的消费经历而报复供应商
	寻求建议（－）（Advice seeking）	从别人那里得到有价值的建议，来解决自己遇到的问题

由于网络口碑传播的特殊性，虽然网络口碑最初是消费者主动自愿分享的行为，但随着网络营销的发展，网络口碑的发起者也呈现多样化的趋势，消费者、商家、竞争对手，均是网络口碑传播的参与者。下面从消费者（同时作为网络口碑的传播者与接受者）、商家和竞争者的角度来分析网络口碑的传播动机。

（1）消费者传播网络口碑动机

关于消费者传播网络口碑动机研究，学者们对互联网环境中消费者参与的产品评论进行了调查，通过文献调研总结了口碑传播者动机，包括了解和掌握焦点品牌相关信息、印象管理、社会资本和荣誉三个方面。首先，

---

① Sundram, D. S., Mitra, K. & Webster, C. Word-of-mouth communication: a motivational analysis [J]. Advances in Consumer Research, 1998, (25): 527-534.

消费者参与到社区讨论中去意味着他们可以从"从众"中获益。具体来说，口碑传播者或者传播者，可以从消费者群体中获益，因为社会交流帮助他们产生了独自思考时不会想到的阐述和发现。受到各种观点和消费者经历的影响，口碑传播者自己的观点也在不断推进。其次，多个研究证实了口碑传播者维护互联网公民荣誉形象的机制，网民维护自己网络荣誉产生的一个结果就是，他们愿意为网络口碑信息的搜寻者提供更多有用信息。比如，Cheung 和 Lee（2012）发现，荣誉感、归属感以及助人为乐是他们进行网络口碑传播的动力①；Chen 等（2010）通过田野调查发现，在电影推荐网站 movielens.com 上的口碑传播者在自己的评论得到点赞后，每月评论数量有了更高的增长②；Racherla 等（2012）基于 Yelp.com 网站数据，发现信誉更高的评论者会写更长、更公正的评论来使其他人受益③。

还有学者将消费者的正面口碑评论和负面口碑评论的动机分开研究。Fu 等（2015）基于计划行为理论、公正理论以及满足理论，通过经验调查法，探究了消费者正面评论和负面评论的动机④。他们发现，发布正面口碑的消费者更倾向于受到内在的态度性要素驱动，而发布负面口碑的消费者则更多地受到社会压力的驱动。在此基础上，他们建议那些想要促进正向口

---

① Cheung C, Lee M. What Drives Consumers to Spread Electronic Word of Mouth in Online Consumer-opinion Platforms[J]. Decision Support Systems, 2012, 53 (1):218-225.

② Chen Y, Harper F M, Li K. Social Comparisons and Contributions to Online Communities: A Field Experiment on Movielens[J]. American Economic Review, 2010.

③ Racherla P, Mandviwalla M, Connolly D J. Factors Affecting Consumers' Trust in Online Product Reviews[J]. Journal of Consumer Behaviour, 2012, 11(2):94-104.

④ Fu J R, Ju P H, Hsu C W. Understanding Why Consumers Engage in Electronic Word-of-mouth Communication: Perspectives From Theory of Planned Behavior and Justice Theory[J]. Electronic Commerce Research & Applications, 2015, 14(1-6):616-630.

碑传播的企业不妨优化公平政策和程序,包括更清楚地描述产品信息、更专业地培训雇员,这更加会带来消费者满意度的提升,促进正面评论。而对那些想要削减负面口碑的企业而言,分配公平是消费者满意的前提,因此相比于培训雇员的服务水平,他们更应该弥补缺陷,比如给予更多的折扣、补贴等。

(2) 用户使用网络口碑动机

用户为什么会搜寻网络口碑信息也是网络口碑研究的一个话题。关于用户使用网络口碑的动机,学者们的研究可以总结为以下几点:一是在购买前后减少搜寻信息和评估商品的精力;二是降低购买风险;三是寻求社会担保或者再担保;四是打破消极偏见。还有的研究以评论内容为研究对象,指出相关情感共鸣、有用性、信息有效性是用户使用网络口碑的动机(Mudambi & Schuff,2010;Weiss et al.,2010)[1][2]。大多数研究是基于消费者理性并且在购买过程中会最大化社会和经济效益的假设展开的,然而这一假设并不完全站得住脚,因为消费者并不只在购买时浏览网络口碑,网络口碑的浏览并非具有目的性。这种非刻意的用户使用网络口碑的动机与其主动获取网络口碑信息是不同的。比如,Zhang 等(2010)研究发现,当用户带有目的地浏览网络口碑时,正面口碑比负面口碑影响力更大,反之,负面口碑更具有说服力[3]。另外,有其他学者发现用户使用网络口碑动机还包括积累社会资本。Nahapiet 和 Ghosal(1998)的研究表明,进行口碑

---

[1] Weiss A M, Nicholas H L, Deborah J M. Listening to Strangers: Whose Responses are Valuable, how Valuable are They, and Why? [J]. Journal of Marketing Research,2008,45(4):425-436.

[2] Zhang J Q, Craciun G, Shin D. When Does Electronic Word-of-mouth Matter? A Study of Consumer Product Reviews[J]. Operations Research, 2012, 52(4):p.395-396.

[3] Moore S G, Lafreniere K C. How Online Word-of-mouth Impacts Receivers [J]. Consumer Psychology Review, 2020, 3(1):34-59.

交换的人们最终形成了一个狭窄的目标圈子(比如一群对护肤品感兴趣的人际圈),这群人聚集在一起,形成了具有意见领袖的社会群体,而其他消费者则会利用这些口碑信息来弥补自己在产品信息上的缺失①。

(3) 商家式口碑产生动机

商家式口碑多以营销为目的。因为网络口碑具有传播速度快、范围广、自主进行传播的特点,所以无论是知名企业还是成本有限的中小型企业,很多都主动进行网络口碑营销。Murphy(2018)指出,有89%的消费者会阅读商家对评论的反馈②。尽管消费者知道商家可能会通过评论返利、虚假评论、找借口等手段欺骗他们,但消费者未必能识别出这种操作的所有迹象。因此,商家式口碑依然可以用商家式网络口碑增加消费者对于商家产品信息的依赖程度,他们可以通过返利方式删除负面评论,并且在自我评论中避开明显的推荐语言的方式,来重建自己的商家式口碑形象(Moore & Lafreniere,2020)③。

(4) 竞争对手口碑产生动机

竞争对手口碑多伴有恶性口碑营销。不同于虚假宣传,恶性口碑营销是通过丑化竞争对手、阻止竞争对手成功从而实现自己的成功。从恶性口碑营销的成因出发,竞争对手口碑产生动机主要包含以下几点:

一是意识到企业发展规模受限,市场容量有限,新增长点难寻,只有通过争夺竞争对手的市场,才能获得自己的发展。因此,打垮甚至整垮竞争

---

① Nahapiet,J,Ghoshal S,"Social Capital,Intellectual Capital,and the Organizational Advantage,"[J]. Academy of Management Review,1998,23(2),242-266.

② Murphy, R. Local Consumer Review Survey: Online Reviews Statistics & Trends.[OL] https://www.brightlocal.com/research/local-consumer-review-survey/,2018.

③ Murphy, R. Local Consumer Review Survey: Online Reviews Statistics & Trends.[OL] https://www.brightlocal.com/research/local-consumer-review-survey/,2018.

对手成为许多企业的受限点。

二是各行业集中度加剧。一般在行业发展初期企业数量很多,各占各的地盘,没有那么明确的竞争对手。当行业发展到一定阶段后,最后往往会出现几个规模企业占据了大部分的市场份额,形成面对面的竞争。这种针对性的竞争一方面有利于行业发展,消费者能够享受更优质低廉的产品和服务,另一方面也带来行业中一些不好的情况,即各企业开始采取各种极端的方式来实现恶性竞争。

三是企业管理水平提升不足。企业在市场竞争中越来越趋于一致,特别是国内企业,在市场竞争过程中,不断学习借鉴,战胜初级竞争者。但企业在自身管理水平提升的同时,仍缺乏系统的管理机制,无法形成自己的优势特色,使其在市场上与竞争者特征趋同。这种特征趋同,使得"价格战"和"品牌形象塑造"成为企业市场竞争的法宝。在市场品牌方面,一方面想方设法通过各种方式提升自己的形象,另一方面就是降低和打压竞争对手品牌形象。许多企业品牌形象管理水平有限,因此无法树立自己的独特品牌形象,从而只好把力量用在打击竞争对手品牌上,也就形成了竞争对手口碑。

四是互联网的发展与管理不足。网络口碑以互联网为主形成阵地,互联网的发展和管理不足问题也就为竞争对手口碑等恶性口碑传播留下了空间。这也是源于互联网的迅猛发展,国家和相关法律对互联网的管理不足所造成的。网络媒体在生存压力和投入有限的情况下,对自己管理不足或有意为之,就会成为竞争对手口碑传播的主要工具。

3.1.3 网络口碑传播对象

口碑的传播对象指其传播所能到达的人际网络,人际网络通常又被称为"关系网络"或者"社会网络"。传统口碑传播由于传播空间上的限制,一般是在家人、同事和亲戚朋友等熟人之间的强关系人际网络中进行的。而网络口碑借助了先进的信息技术和无边界的网络平台（如电子邮件、BBS、微博和微信等），将传统口碑人际网络范围大大拓展了，不仅仅包含了交往密切的亲戚朋友，还包含了交往不是非常频繁的一般性朋友，甚至包括了通过网络交友平台所认识的陌生人。学者陈明亮在其《在线口碑传播原理》这一著作中将口碑传播对象划分为网下人际网络、网上人际网络和非人际网络①。

网下人际网络主要是人们通过面对面交流沟通所组建的社会网络，由于网络中成员是通过面对面相互接触进行交流，所以此类网络多为关系较为密切的"强关系"成员所构成。但由于空间的限制，口碑传播者（消费者）的网下人际网络相当有限。

网上人际网络就是指网民通过参与网络活动、加入各类网络平台的过程中所建立的人际网络。例如盛大游戏平台中各类交互式网络游戏（如魔兽战争、异度空间和三国杀等）列表中的玩友，电子邮件、QQ、MSN 和微博等即时通信系统中的亲密好友，还有各类网络论坛（如南京大学百合网、爱车论坛、Apple 专栏等）、主题贴吧（如时尚娱乐主题、美容护肤主题、驴友俱乐部等）中由于志趣相投所聚集到一起的素未谋面的网友，所有这些都构成了网民在虚拟空间中庞大的人际网络。可以看出网上人际网络涵盖的范围非常的广阔，由于不需要"面对面实时"接触，它挣脱了传统人际网络对于"空间上"和"时间上"的诸多限制，从而极大限度地拓宽了网友交流的范围。因此可以说每一个网民都能够将自己形象、声音、意见和态度通过网络传播到世界的每一个角落，这对身兼"网民"和"消费者"双重身份的人来说，不仅可以随时获取需要购买产品的信息，同时也能十分方便地向身边的亲朋好友分享自己的产品体验经历和向企业反馈其对于品牌的态度和看法。由此可知，网上人际网络边界的拓展为网络口碑传播开辟了更为

---

① 陈明亮. 在线口碑传播原理［M］. 浙江：浙江大学出版社，2009：88-90.

广阔的交流平台。

网络口碑传播所涵盖的非人际网络指的是当口碑传播者通过开放式网络平台(如博客空间、微博超话、各类开放式论坛等)发表对于特定产品或服务的相关观点时,由于此类平台不需要进行好友验证即可向所有网友广播式发表观点,因此口碑信息很有可能被很多未曾谋面、素不相识的网友阅读或接收,而这些网友和口碑传播者没有任何人际网络交互,因此将由此类网友(陌生人)所构成的网络称为非人际网络。可以说非人际网络将口碑传播的范围拓展到了无限大,增加了网络口碑的影响范围和力度,但是从另一个角度看,口碑向非人际网络传播时,口碑参与双方(传播者和接收者)彼此因互不相识而导致口碑的到达率、命中率和需求满足率都很低,也造成了"垃圾信息"(对于接收者无价值的信息)泛滥成灾的局面。

从以上对于口碑传播对象的划分可以明显地看出,传统口碑传播对象仅仅涉及网下人际网络中的成员,而网络口碑传播的对象则同时包含了这三个网络中的所有成员。确切地说,网下人际网络只是网上人际网络中的一个子网,而网下人际网络和非人际网络之间却几乎彼此独立。因此可以看出这三个网络(网上人际网络、网下人际网络和非人际网络)并非单纯地包含与被包含,或者单纯地彼此独立,很多时候这些网络中的成员彼此之间相互交错、独立和重合,从而形成了错综复杂的网络口碑传播人际网络。

3.1.4 网络口碑传播渠道和平台

网络口碑传播平台作为口碑人际网络形成的一个基石,口碑传播的很多要素是受到传播平台影响的。事实上,很多消费者表示,在使用网络口碑信息时,他们主要关注由平台总结的口碑统计数据,例如平均打星排名以及评论的数量(Murphy,2018)①。有学者(Moore & Lafreniere,2020)总结了网络口碑传播平台的哪些因素会对信息接收者的决策产生影响,主要有传播渠道、平台展示方式、平台内容等②。

(1) 传播渠道特征

网络口碑在不同渠道上(如论坛、评论网站、电子商务网站),或者嵌入其他渠道(如脸书、领英、微博)进行传播。这些渠道各有不同:在受众上,有针对专业人士的、有封闭的、有公开的;在传达信息的长度上,有长的(博客)、有短的(微博);在信息种类上,有文本、图片、视频。所以,网络口碑传播会受到渠道特征的影响。就销售属性来说,电子商务网站上的口碑大于社交网站上的,而评论网站上的介于两者之间。第三方(如私人博客)的正面口碑更有可能被口碑接收者传递下去。并且,口碑接收者更倾向于接受知名网站上的负面口碑信息。

口碑传播平台对于口碑接收者的影响存在如下一些解释:首先,口碑传播平台会影响口碑接收者的分享意愿。其次,口碑接收者在不同平台上的使用动机也不同。例如,人们上电子商务网站是为了其购物的实用性功能,而上其他一些网站是为了社交。再次,不同的渠道特征导致平台上的使用者表现不同,从而导致了产品销售表现的不同。比如,第三方平台上的评论对于销量的影响比电子商务网站上评论对于销量的影响更大,这可能是由于口碑接收者认为第三方平台更加可靠公正。反过来,可信渠道也鼓励消费者借鉴发布的产品信息。事实上,在第三方平台上是口碑接收者给了商品积极的评价,而不是产品发布者。

---

① Murphy R. Local Consumer Review Survey: Online Reviews Statistics & Trends.[OL] https://www.brightlocal.com/research/local-consumer-review-survey/, 2018.

② Moore S G, Lafreniere K C. How Online Word-of-mouth Impacts Receivers [J]. Consumer Psychology Review, 2020, 3(1):34-59.

(2) 在线口碑平台展示方式

各平台决定了在线口碑的展示方式,比如是否展示或者如何展示总结性统计数据(平均星数、等级等),选择展示哪些口碑评论,以什么样的顺序进行展示,甚至会指定一些口碑发布者为"榜首评论者"。

① 总结性统计数据

对口碑接收者影响程度最大的或许就是平台发布的总结性统计数据了。比如,对每个产品而言,亚马逊目前展示了评论总数(volume),这些评论的评价星数等级(valence),以及每个评星尺度上的评论数的直方图(dispersion)。

② 口碑评论顺序

当口碑评论是按照他们发布的顺序排序时,早期的评论更不容易被口碑接收者看到,因而影响力更小。虽然最近的口碑评价比早期的更有用,但时间先后并不能保证影响。因而,为了提升口碑的影响力,平台可以策略性地对评论进行排序和展示。

首先,平台可以给小部分对决策非常有帮助的评论进行高亮标注。这些评论可以影响销量,并且比评价星数等级有着更大的影响力。其次,平台可以根据平均星数等级来对评论进行排序。当第一条评论以及最后一条评论和评价评论效价相一致的时候,这些评论的效用更大。然而,当平均星号等级是负面的时候,正面的评论集会抵消平均等级对购买意图的负面影响。最后,口碑接收者会被不相关的负面评价所影响(比如那些并不针对产品信息的评论)。相比于那些在正面评论集中再加一条不相关的正面评论而言,加一条负面的评价(一星评价)会有助于消费者对产品进行评估和选择,因为口碑接收者认为他们对于产品信息有了更加充分的掌握。

③ 口碑传播者的信息

平台会提供关于口碑传播者的信息。比如,一些平台会显示口碑传播者注册时间长度,提供评论者的私信联系方式,或者指明该用户是否为实名制用户。这些正向的用户信息提升了口碑对于销量的影响力。再比如，在知名购物平台亚马逊网站上有一个特殊的声誉机制：网站根据用户每条评论的有用性等级以及评论总数来为口碑传播者颁发"顶尖评论员"的徽章。然而，口碑传播者的勋章和排名与评论有用性、销量以及产品回购情况并不一致。

可能是由于评论内容以及产品种类等综合因素，这些因素替代了口碑接收者参考用户信息或者产品信息。例如，顶尖评论员的评论更长、更正式，并且社会性和个人情感性的内容更少，而这削弱了评论对于销量的影响。然而，当新品发布时，评分分散，顶尖评论员的评论对销量有着更大影响。这种不一致的效应会出现是因为，在这种情况下，平台而不是用户自己提供了用户信息；平台提供的信息会激发口碑接收者的劝说认知，并且降低信息的可靠性。

（3）平台生成内容

平台（尤其是卖家平台或者是电子商务网站）可以通过描述产品特性或者列举其他消费者购买的情况来进行口碑传播。平台生成的产品信息或口碑，视产品成本和消费者的花费而定，被视为一种补充。实证研究需要阐明，平台在何时、用何种方式来根据口碑情况而提供更多或者更少的产品信息。提供正面的购买决策信息（比如其他消费者在浏览后购买了该产品）则会对销量起到正面影响，尤其是当口碑数量增多的时候。

3.2 网络口碑传播主要基础理论

3.2.1 社会交换理论

（1）理论起源与理论概述

社会交换理论（Social Exchange Theory）是 20 世纪 60 年代兴起于美

国,进而在全球范围内广泛传播的一种社会学理论。它由美国著名的社会学家乔治·霍曼斯创立,主要代表人物有美国的布劳、科尔曼、埃默森和联邦德国的奥佩、胡梅尔。由于该理论主要强调人类行为过程中的心理因素,因此也被称为一种行为主义社会心理学理论。社会交换理论认为人类一切行为都受到某种或明或暗的,能够带来奖励和报酬的交换活动的支配。进一步说,人类的一切社会活动都可归结为一种交换,而人们在社会交际中所结成的一定的社会关系也只能是一种交换关系①。

社会交换理论是社会经济的基本理论之一,同时也是研究人与人之间关系的一个重要视角,由于个体行为的原则是寻求利益最大化、成本最小化,因此,在社会交换中获得的资源或者社会交换中正面的结果被视为利益,反之,在社会交换中付出的资源或者社会交换中负面的成果即被视为成本。社会交换理论认为人际间的互动行为是一种过程,在这个过程中各方参与者与对方开展相关活动的同时交换有价值的资源。社会交换理论的核心是人际间的互惠原则,同时,互惠不仅仅体现在物质层面,更多地涉及心理层面(如支持、信任、自尊和威望等)。简而言之,在人际交互的过程中,不论是物质还是心理,任何一个层面上的利益无法互惠互利,这种形式上的交换行为就会终止。理论代表人之一布劳②认为人与人之间的社会交换始于社会吸引,当吸引的原动力产生,双方都可以从对方那里得到对自己有价值的信息和知识,从而促进合作产生和延续。因此,当互动的双方面临各种情境时,他们必须调整资源来满足对方的需要,使这种交换关系对双方而言具有持久性的吸引力。

因此,很多学者认为网络口碑的传播行为也属于社会交换行为的一种形

---

① 吕萍.霍曼斯与布劳的社会交换理论比较[J].沈阳师范大学学报:社会科学版,1996(3):27-29.

② Blau P. Exchange and Power in Social Life[M]. New York: John Wiley & Sons,1986:72-105.

式,通过网络口碑,消费者以自己提供的产品、服务等信息来获取某种对他们来说有价值的回报(如经济回报、愉悦感、声望、地位等)(Frenzen,1993)①。

(2) 理论相关概念分析

从社会交换理论的角度出发,与网络口碑相关的概念主要包括:共享意愿、共享行为、信任和互惠以及利他等。

意愿指个人想从事某种行为的主观可能性,是人们对自己行为的预期,也是预测行为的最佳变量。理性行为理论的相关学者认为个人对实施某一行为的意愿越强烈,就越有可能实施该行为。所以说,共享意愿有助于提高共享效率,共享意愿直接作用于共享行为并对共享行为的形成具有正向影响。社会中的一些激励机制会利用这一点来引导社会成员形成共享意愿,从而产生共享行为(Bock,2002)②。

共享行为分为行为规范和参与程度两个角度。行为规范用于引导、规范和约束社会群体或个人在参与社会活动中产生的行为,具体包含社会归属感、社会认同感等。

信任影响人们之间的社会共享及交换行为。共享行为往往建立在交换双方达成协议或取得信任的基础之上,信任使得人们愿意向彼此提供和分享私有资源,进一步促成了共享及交换行为。互惠指交换双方期望通过交换获取利益,共享行为本身变成一种相对的得与失。互惠又分为互惠动机和互惠回报两个角度。根据社会交换理论,社会报酬包含物质报酬和心理报酬,物质报酬指在社会交往关系之外取得的报酬,如金钱、物品等,心理报酬指从社会交往关系本身中取得的报酬,如兴趣、尊重、认可等(Dav-

---

① Frenzen J, Nakamoto K. Structure, Cooperation and the Flow of Market Information [J]. Journal of Consumer Research, 1993, 20(3): 360-375.

② Bock G W, Kim Y G. Breaking the Myths of Rewards: An Exploratory Study of Attitudes about Knowledge Sharing [M]. IGI Global, 2002.

enport,1999)①。当交换双方感知到他们的社会关系相对平等的时候,他们会感知到交换的公平性;而当交换双方感知到他们的社会关系相对不平等的时候,他们会认为交换行为是不平等的,不满足交换行为的互惠前提,交换行为也就很难发生(Atreyi,et al. 2005)②。

社会交换理论认为利他也是一种社会交换。利他者的付出是帮助他人,利他者的收益是自我价值的提高。而社会心理学则将利他视为一种无私行为,认为利他是一种个人付出,对他人有利而对自己没有明显收益的行为。例如某些知识拥有者的知识共享行为,这种有助于他人而不求回报,愿意把自己的信息与他人同享的过程,就是一种典型的利他行为。

3.2.2 社会影响理论

(1) 理论起源与理论概述

社会影响理论(Social Influence Theory,SIT)最早由 Kelman 提出,是一种广泛应用于共享行为、学习行为等社会行为研究的社会学理论。Kelman 首先提出了社会影响理论中的公众附和(Public Conformity)概念,认为个人在某些社会影响下会出现附和行为,但这种行为是肤浅的,个体的信念、价值观并未受到影响,行为之下的态度转变纯粹是表面化的。而在另一些社会影响因素作用下,个体会发生由内而外的改变,个人的信念和价值观会受到影响,产生发自内心的接受行为(Kelman,1961)③。继

---

① Davenport T H, Prusak L, Prusak L. Working Knowledge: How Organizations Manage What They Know [M]. Harvard Business School Press, 1999.

② Atreyi K, Bernard C Y T, Wei K K. Contributing Knowledge to Electronic Knowledge Repositories: An Empirical Investigation [J]. MIS Quarterly, 2005, 29(1): 113-143.

③ Kelman H C. Processes of Opinion Change [J]. Public Opinion Quarterly, 1961(25): 57-58.

Kelman 之后,Venkatesh 和 Davis 对社会影响理论又做了进一步修订,提出了顺从产生于控制性(Mandatory)社会影响因素等观点(Venkatesh & Davis,2000)①。

社会影响理论的创始人 Kelman 认为,在不同社会影响因素的作用下个体产生或转变某一行为态度的机制存在差别,而不同的产生或转变行为态度的机制则进一步决定了个体持有某种行为态度的本质和后继行为发生的差别。社会影响通常被界定为两种类型:信息性社会影响(information social influence)和规范性社会影响(normative social influence)(Deutsch & Gerard,1955)②。信息性社会影响是指个人将他人传播的信息吸收到自己的知识库及价值系统中,它形成的前提是接收者认为此信息的内容与个人的价值系统相符。规范性社会影响则是指个人希望通过对他人期望的顺从,而得到或避免他人所给予的奖赏或惩罚(Kelman,1961)③。

内化(internalization)和认同(identification)是社会影响产生时的两个主要过程。内化过程只会在信息接收者认为信息的内容和其自身价值系统相符的情况下发生,因此内化过程只有在规范性社会影响产生时发生。而认同过程发生的前提是信息接收者认为接受此信息内容有助于维持或增进其与信息传递者之间的关系,因此认同过程只在信息性社会影响产生时发生。社会心理学界将对于态度的形成和转变的研究(psychology of attitudes)归在社会影响心理学(psychology of social influence)的范畴之中。社会影响理论阐述了个人态度的形成和转变是社会交互中所形成社会影

---

① Venkatesh V, Davis F D. A Theoretical Extension of the Technology Acceptance Model: Four Longitudinal Field Studies [J]. Management Science, 2000, 46(2): 186-204.

② Deutsch M, Gerard H B. A Study of Normative and Informational Social Influences upon Individual Judgement [J]. J Abnorm Psychol, 1955, 51(1): 629-636.

③ Kelman H C. Processes of Opinion Change [J]. Public Opinion Quarterly, 1961(25): 57-58.

响的副产品。不论是内化过程还是认同过程都是一个态度改变的过程,而接收者态度和行为的改变正是口碑信息传播的终极目的,因此相关学者常常会采用社会影响理论作为网络口碑传播的理论依据。

(2) 理论相关概念分析

在社会影响理论中有两个最重要的术语:规范性影响(normative influence)和信息性影响(informational influence)。学者将规范性影响定义为"出于期盼得到别人正向反馈而受到的影响",而信息性影响则被定义为"出于对于信息本身的理解和赞同而受到的影响"。因此,可以看出规范性影响的来源是信息传播者,即人们将他人的行为、言论作为自己态度形成或者改变的标准。此类影响使人们态度改变的前提是受影响人对于影响施予者具有"认同感",同时受影响的人有"获得同类认同"或者"渴求被他人接受"的需要。而信息性影响的来源则是客观的信息内容,即人们将从他人处获得的客观信息作为自身态度形成和改变的依据。此类影响能使人们的态度改变的前提是被影响人对于接收到信息本身而非传播信息的人感到认同。

在早期社会影响分析中,研究者针对不同类型的权力(power)进行了探究,六分类影响力理论被广泛接受。六分类影响力包含奖赏的权力(reward power)、强制的权力(coercive power)、法定的权力(legitimate power)、参照的权力(referent power)、专家的权力(expert power)和信息的权利(informational power)(French & BertramRave,1959)[①]。这六种权力代表了信息传播者和接收者之间不同的社会关系和情境。

奖赏的权力指通过控制特定资源而对人施加影响,例如加薪、提供晋升机会、口头表彰;强制的权力指通过负面处罚或剥夺其某种权力来影响

---

① French J R P, Bertram R. Bases of Social Power: Studies in Social Power [M]. Dorwin Cartwright(Ed.).University of Michigan: Ann Arbor, 1959:41.

其他人,往往通过威慑来强迫别人服从。奖赏的权力和强制的权力主要基于受影响者的态度和行为是否符合权力拥有者的意愿。法定的权力指他人服从是因为权力拥有者的职务,即他人的服从是基于一个更加宽泛的"社会规范"。我们可以认为,奖赏的权力和强制的权力都是由法定权力引申得出的。

以上三种权力是处于某个职位上而获得的,无论是奖赏还是惩罚都只能给别人施加短期的影响,若要赢得他人的长久的信任、追随乃至尊重则需要充分运用专家的权力和信息的权力。专家的权力是指依靠在某些领域具有非常强的专业知识,利用权威性获得其他人的服从;而"信息的权力"也称"参照的权力",代表了最高境界的权力来源,基于人格魅力和榜样的力量而赢得他人的追随和服从,需要管理者自身修养与管理艺术的不断积累和感悟。

学者们将以上五种权力来源(奖赏、惩罚、法律、专家)和信息的权力进行了比较。信息的权利和前面五种权力不同之处在于它独立于信息传播者的特性,信息接收者仅仅需要依赖信息自身内容来决定是否接受,因为此类权力产生作用的前提是接收者对于信息本身具有认同感。此处的信息的权力和前文提到的信息性影响的内涵非常接近(Deutsch & Gerard,1955)[①]。

同时,也可以明显地看出除信息的权力之外的五种权力为规范性影响的典型代表。即这五种权力都体现了传播者对于接收者的行为具有一定期望,并通过特有的影响施加于接收者,期望接收者可以按照他们期盼的"标准"进行反馈。简言之,这五种权力各自代表了传播者和接收者之间五种不同的社会关系,因此,对于权力种类的理论研究不仅开启了对于"社会

---

① Deutsch M, Gerard H B. A Study of Normative and Informational Social Influences upon Individual Judgement [J]. J Abnorm Psychol, 1955, 51(1): 629-636.

影响"种类研究的先河,同时也印证了不同的社会关系以及不同社会关系的强度在"社会影响"理论研究中的重要性。

另一种对于社会影响理论的研究不是关注影响源(例如权力)的种类,而是侧重对影响过程的探讨。社会影响理论的创始人最开始将社会影响过程分成了三类:顺从过程(compliance),认同过程(identificaiton)和内化过程(internalizaiton)(Kelman,1961)。

在顺从过程中,个体并非相信信息源的内容,而是出于对传播者的敬畏才接收信息。用 French 和 Raven 的观点来看,个体通过顺从而改变态度是因为传播者具有奖赏的权力(reward power)或强制(coercive power)的权力。非常相似的是 Kelman[①] 和 French[②] 都阐述了如果权威者不在现场,个人不会做出服从的反馈,因此顺从是态度在表面的短暂变化,并将随着外部条件(报酬或者处罚)的改变而改变。顺从过程产生的前提条件是传播者掌握了受众所需要的物质资源,并具有给予或夺回此物质资源的权力,此类过程多半出现在上下级关系中。

认同过程是指受众在接收一个信息时,并不关注信息的内容,而是关注信息的来源,即传播者是否值得信赖或仿效。个人认同传播者的观点是出于模仿的动机,同时使传播者满意,在传播者处得到肯定并继续与传播者维系关系。同一信息如果来自不同的传播者,认同过程不一定会产生。认同过程比顺从过程来得更加深入和持久。认同过程产生的前提是传播者对于接收者来说具有吸引力,接收者期望通过认同传播者的观点对传播者进行模仿,顺从传播者的要求以拉近自己与传播者之间的距离,此类过

---

① Kelman H C. Processes of Opinion Change [J]. Public Opinion Quarterly, 1961, 25(1): 57-78.

② French J R P, Bertram R. Bases of Social Power: Studies in Social Power [M]. Dorwin Cartwright(Ed.). University of Michigan: Ann Arbor, 1959: 41.

程多产生于朋友交流之中。

内化过程是指接收者因为一个信息的内容有价值,或者此信息与接收者现有的价值观相一致而接收信息,受众觉得信息能解决问题或者符合其要求,从而引发态度和行为上的变化。内化过程的前提是受众确定信息源可信。我们可以认为,当受众受到了信息性影响时(informational influence),内化过程也就产生了。

网络环境下意见领袖口碑对于潜在消费者购买行为的影响分为信息性社会影响和规范性社会影响,因为人际间网络口碑交流和传播不仅出于对信息的需求,同时是对情感支持和社会认同的追求。信息性社会影响的产生依赖于消费者对于信息本质的关注,规范性社会影响的产生则依赖于消费者对于人际情感和社会认同的追寻。因此网络口碑不仅影响着消费者的购买决策,同时还潜在地改变着消费者的心理状态和社会需求。因此我们可以应用此理论解释网络口碑传播及相关效应要素(Dwyer,2007)[①]。

3.2.3 社会网络理论

(1) 理论起源与理论概述

"社会网络"一词最早由 John A. Barne 于 1954 年提出[②]。美国社会心理学家 Stanley Milgram 于 1967 年通过社会网络人际关系的"六度分离"(Six Degrees of Separation)实验发现了著名的"小世界"(small world)现象,从而引起了数学、物理学、社会学和计算机学领域学者们对于"网络结

---

① Dwyer C. Digital Relationships in the "MySpace" Generation: Results From a Qualitative Study [C]. Proceedings of the 40th Hawaii International Conference on System Sciences (HICSS), Hawaii, 2007: 1-10.

② Barnes J A. Class and Committees in a Norwegian Island Parish [J]. Human Relations, 1954(7): 39-58.

构"的兴趣与关注①。美国社会学家 Mark Granovetter 于 1974 年提出社会网络"弱链接优势"(the strength of weak tie),认为弱关系在群体、组织之间建立纽带关系,而强关系维系着组织的内部关系,这一观点促使社会网络理论及其分析技术进一步发展。20 世纪 60 年代是社会网专业研究的起步时期;到 70 年代中期,社会网研究成为一个新的社会学领域。这一时期的学者们普遍认为"关系"会对主体的行为产生影响,如怀特的市场网络理论,认为市场是从社会网络发展而来的(White,1981;White,1988)②③;到 80 年代,美国社会学年会设立了社会网研究专题讨论会,两年一届的国际社会网讨论会轮流在北美和欧洲召开。该领域的专业杂志《社会网》在荷兰出版,并成立了跨学科的学术组织——国际社会网络研究联系网。现在,社会网络研究在规模上不断扩大,方法上也日趋成熟。初期的社会网络研究方法主要用于小群体,后来扩展到社区研究,目前已应用到社会学的许多领域,诸如阶级阶层研究、社会流动研究、城市社会学、政治社会学以及一些边缘性学科如精神卫生学、老年学和社会工作中(张文宏、阮丹青,1999)④。

社会网络(social network)是一种由网络中社会行为者(social actor)和各种关系组成的社会结构。从另一个角度看,一个社会网络通常由多个点(表示网络中的参与者)和各点之间的连接线(网络中参与者间关系)组成,点线网络是社会网络形象化的展示,社会网络中的"点"(nodes)代表行

---

① Milgram S. The Small World Problem [J]. Psychology Today, 1967(2): 60 - 67.

② White H C. Where Do Markets Come From? [J]. American Journal of Sociology. 1981, 87: 517 - 417.

③ White H C. Varieties of markets. In Wellman B, Berkowitz S D eds. Social Structures: A Network Approach [M]. Cambridge University Press, 1988: 226 - 260.

④ 张文宏,阮丹青,潘允康. 天津农村居民的社会网 [J]. 社会学研究,1999, (2): 108 - 118.

动者。在社会网络研究领域,任何一个单位或者实体(如个人、教研室、院系、学校、企业、村落、城市、国家等)都可以看成点(刘军,2004)①。"点"的选取主要取决于研究人员的研究目的和研究需要。而社会网络中的"边"(即前面说到的连线)则代表了参与行为者之间的社会关系。根据其所表示的不同行为者间的社会关系,这些"边"可以分为有方向性和无方向性两类。同时,网络行为者之间的关系也有着多种表现形式,如个人之间的血缘关系、朋友关系、同事关系、领导与被领导的关系、合作关系等,以及组织间的业务联系、国家之间的贸易关系等。"边"的集合是由研究者的研究对象以及他们的关注点所决定的。

(2) 理论相关概念分析

社会网络分析是一种基于社会网络理论的,对社会网络中的行动者(actor)及它们之间的关系进行定量研究的分析方法。社会网络定量分析方法不仅是一种社会科学研究方法,更是一种研究社会结构的新观点。社会网络是人类关系特征的突出表现,它可集中反映社会的结构特征。而且,社会网络分析并不仅限于微观的个体互动层面,还可以用于分析宏观的社会现象,如组织结构、社区关系等②。实际上,社会网络分析方法作为一种非常有用的方法,早已经突破了社会学领域的范围,为其他领域的学者所采用,取得了丰富的研究成果。例如,在研究国际贸易的时候,传统研究主要关注进出口额、贷款数目等反映全球经济体系的信息,而应用社会网络分析方法则可以进一步分析全球经济体系的模式,并且根据各个国家在全球经济体系中的地位来考察它的经济特征(刘军,2006)③。

---

① 刘军.社会网络分析导论[M].北京:社会科学文献出版社,2004:5-6.
② 林聚任,刘玉安,泥安儒.社会科学研究方法[M].济南:山东人民出版社,2004:283.
③ 刘军.法村社会支持网络——一个整体研究的视角[M].北京:社会科学文献出版社,2006:55.

在社会网络分析中,中心性分析是判断行动者在给定网络中的重要性分析方法中使用最为广泛的。中心性分析的思想来源于学者们对于个人或组织在社会网络中的权力或者中心地位的思考和研究。中心度(centrality)和中心势(centralization)是中心性分析中的两个重要指标。

在实际研究中,仅仅通过中心性分析了解行动者在网络中的相对位置往往是不够的,还必须同时关注行动者间关系结构和关系的紧密程度。当网络中部分行动者之间具备了十分紧密的联系并且已经形成了一个次级团体时,这种团体就被称为"凝聚子群"(cohesive subgroups)。在社会网络分析方法中,对于网络中凝聚子群的数量、各子群及其内部成员间关系的特点以及群际成员间关系特点进行分析的方法就是"小团体分析"。

"小团体分析"作为社会网络分析中的重要分析方法之一,其功用在于可以将子群从整体网络中分离出来,并且进一步分析各子群对整个网络的影响。最终帮助研究者了解网络整体结构。例如,某网络中存在着两个子群,若两个子群间有交集,则表示信息可能在网络中快速传播,若两个子群间没有交集,则信息传递的速度会受到负面影响,且可以说明这两个子群可能存在特征上的差异。另外,在应用社会网络分析方法进行集群研究时,通过子群可以了解行动者的特性,例如有些行为者可能是两子群之间的桥(bridge),或者有些行为者同时属于多个子群组,而有些行为者却是被孤立的,这些现象都可以使我们了解行动者的社会特征(王霄宁,2005)[①]。

密度是指一个网络中实际存在的关系(边)数量与所有可能存在的关系(边)数量间的比值。若一个网络的密度为1,则说明该网络中的每个点都与其他所有存在的每个点相连;若该网络密度为0,则说明该网络中不存在任何相连节点。对于一个确定的网络来说,两点之间连线数量的多少决定了该网络密度的大小。口碑人际网络中的网络密度可以反映出网络中

---

① 王霄宁. 基于社会网络分析的产业集群定量化模型[J]. 统计与决策,2005(3):43-45.

各节点(网络口碑传播者)间关系的紧密程度。通常,密度较高的团体内部交互行为较多,信息交流较为顺畅,而密度较低的团体内则经常存在信息沟通不畅、情感交互少和团体归属感不强等问题。

3.2.4 传播过程理论

(1) 理论起源与概述

"5W"传播模式最早由美国政治学家、传播学四大奠基人之一哈罗德·拉斯韦尔于20世纪40年代提出①。他在《社会传播的结构与功能》一文中针对人类社会的传播活动,开创性地提出了"5W"的传播模式,该模式再现了人类社会传播活动中的关键要素、核心环节和基本流程,在传播学发展历史中发挥着奠基性和里程碑式的作用。"5W",顾名思义,包含五个基本的构成要素:谁(Who)、说什么(Say What)、通过什么渠道(In Which Channel)、对谁说(To Whom)、取得什么效果(With What Effect)。基于以上五大传播要素,又提出了控制分析、内容分析、媒介分析、受众分析、效果分析这五种传播研究方法。这些传播研究方法和传播模式被广泛应用于会议和新闻研究,为信息传播的有效性提供了思路。后来,情境和动机两个环节被加入"5W"理论中,形成"7W"传播过程理论。

(2) 理论相关概念分析

网络口碑在不同的主体之间传递信息,具有典型的网络传播特点,其本质和其他种类的信息传播有所区别。针对网络口碑传播的研究离不开传播过程理论,基于传播过程理论对口碑传播展开分析,包括以下几个概念:口碑传播者、口碑接收者、口碑传播内容、口碑传播渠道和口碑传播效果。相关概念与概念之间的关系在3.1网络口碑传播相关概念和3.3网络口碑传播模型中已有具体阐述,此处不再赘述。

---

① Lasswell H D. The Structure and Function of Communication in Society [J]. The Communication of Ideas,1948,37(1):136-139.

3.3 网络口碑传播模型

3.3.1 基于口碑要素的网络口碑传播模型

(1) 朴素传播模型

传统的口碑要素主要包含:口碑传播者、口碑内容和口碑接收者。从口碑要素的角度出发,构建朴素的口碑传播模型如图3-1。

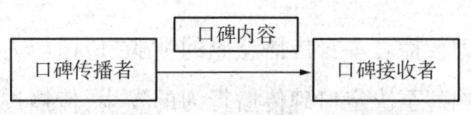

图3-1 基于口碑要素的朴素传播模型

在口碑传播过程中,口碑传播者(传播者)是传播行为的主体,口碑传播者的行为特征将对口碑传播行为的发生产生重要影响。口碑传播内容依附于口碑传播渠道进行传播,口碑传播渠道是口碑传播者与接收者进行信息沟通的媒介,不同的口碑传播渠道以及口碑噪音等都会影响到口碑传播的效度和信度。口碑接收者作为口碑传播的信息接收者和被影响者,其接收口碑信息的程度不仅会直接影响其购买及消费决策,还成为评价口碑信息传播效果的重要指标。口碑接收者对口碑信息的理解程度和接收程度越高,就越有可能做出与口碑内容一致的同向决策,说明口碑传播效果也越好。反之,口碑接收者对口碑信息的理解程度和接收程度越低,就越有可能做出逆向决策,同时说明口碑传播效果也越差。

(2) 网络口碑传播形成机理模型

从传统的口碑要素出发,相关学者通过扩展与上述三个要素密切相关的影响因子对朴素口碑传播模型进行了补充和拓展。刘建新(2007)等人从人际沟通的视角入手构建了口碑传播的形成机理模型,深入分析了口碑传播的形成过程及其影响因子,如图 3-2①。

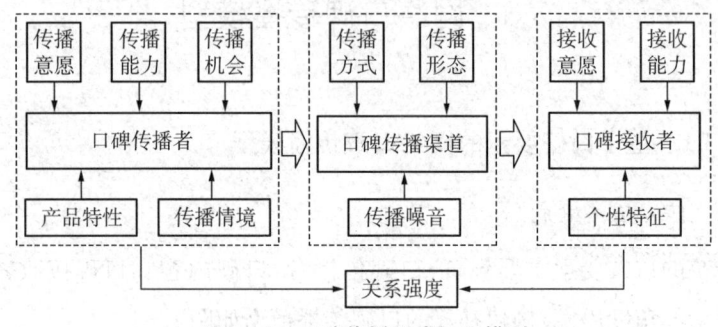

图 3-2 口碑传播形成机理模型

模型认为口碑传播者本身传播意愿的强弱、传播能力的高低和传播机会的多少都将影响甚至决定口碑传播行为的发生、传播过程的效率及传播效果的好坏,而产品特性、传播情境等因素会在其中起着调节变量的作用。口碑传播渠道的类型、结构、功能等及外在的噪音不仅会影响到口碑信息传输的方式和形态,而且会影响到信息传播的效率和质量,并将传播方式、传播形态、传播噪音作为影响口碑传播渠道中对口碑传播效率和传播质量作用最大的渠道因素。口碑接收者方面,将接收者的个性特征、接收意愿和接收能力等因素纳入影响范围,探讨了上述三者对口碑传播的影响。

张紫琳(2009)通过对以往研究文献的分析,综合研究了某些学者提出的口碑传播概念模型、口碑传播形成机理模型、消费者知识交流模型、口碑传播应用模型,结合网络口碑特点对传统口碑传播研究模型进行了补充与扩展②。并提出了口碑信息的结构特性这一概念,而后将这一概念纳入了概念模型的研究范围,从口碑信息的结构特性出发主要考察了传播方向、口碑数量及口碑类型对口碑传播的影响,同时添加了口碑传播结果这一要

---

① 刘建新,陈雪阳.口碑传播的形成机理与口碑营销[J].财经论丛,2007,132(5):96-102.

② 张紫琳.有关口碑传播模型的研究[J].生产力研究,2009(17):86-87.

素并从消费者决策过程的角度进行了扩充,如图3-3。

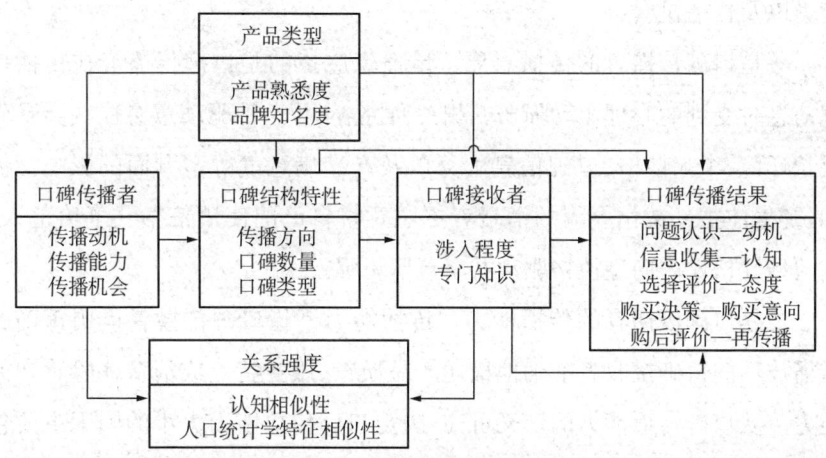

图3-3 网络口碑传播形成机理模型

(3) 综合性网络口碑传播模型

在综合和借鉴以往研究的基础上,构建基于口碑要素的传播模型如图3-4。该模型综合考量了包含口碑传播者、口碑内容、口碑传播渠道以及口碑接收者四个模块的影响因子。

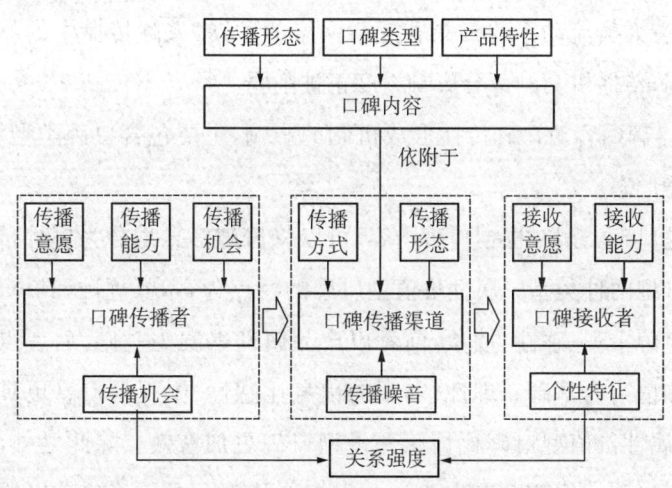

图3-4 综合性网络口碑传播模型

①口碑传播者对口碑传播形成机制的影响,主要包含传播意愿、传播能力以及传播机会:

一是口碑传播者的传播意愿。传播意愿指的是口碑传播者在传播口碑信息时受到的心理驱动强弱。相关研究表明,这种驱动意愿往往会受到成长环境、个人性格、口碑信息本身以及产品满意度等多方面的影响。例如,受集体主义文化熏陶的消费者更愿意将自己的使用信息共享给他人,外向型性格比内向型性格驱动共享意愿更强。

二是口碑传播者的传播能力。传播能力是指口碑传播者运用正确的传播技巧向口碑接收者准确地描述产品质量、服务特点或消费体验感知的能力。从口碑传播能力的定义可知,决定口碑传播能力大小的因素主要包含传播者所掌握的专门知识和传播技巧。传播者的专门知识直接影响接收者的购买决策。专门知识是指"准确地描述产品质量、服务特点或消费体验感知"的相关知识,主要由传播者的教育水平、社会经验、生活阅历等因素决定,传达到接收者则表现为信息源的可信度。

三是口碑传播者的传播机会。据人际传播学相关研究,人际交往中的群体规模、地理位置、接触频率等都将会对信息传播起到一定的影响作用。不过,随着人员流动率的提高和互联网络的发展,人际传播中的物理障碍正在减弱,传播机会的部分影响力度正被削弱。

②口碑内容对口碑传播形成机制的影响,主要包含口碑类型、产品特性和传播形态:

一是口碑类型。根据口碑内容,可以将口碑信息划分为属性价值型和情感评价型两种类型。属性价值型口碑的特点为客观、理性、具体,而情感评价型口碑主观、感性、抽象,前者以产品属性事实为基础,后者以消费者的感受和情绪为基础。理性、客观的信息比感性、主观的信息更具有信息价值,即属性价值型口碑比情感评价型口碑更加有效。除此之外,正面口碑和负面口碑的传播也存在差异。很多涉及正面或负面口碑影响效果的研究提出了负面口碑的正面效应这一概念,强调负面口碑往往被消费者认为更加实用、正确及重要,当口碑接收者通过消费者评论对产品进行评价时,也会认为负面信息更具有诊断性。

二是产品特性。产品特性是指本产品除应具备的同类产品最基本的功能外,所具有的其他与众不同的特点,是口碑传播者传播的主要内容。同类产品的不同性能、外观、材质、配件和资质等特性都将影响口碑传播过程的发生、传播范围和效率。其中,产品特性多维要素中的产品结构复杂程度和产品服务质量成为影响口碑传播的两大主要因素。同类产品中,结构越复杂的产品,其口碑传播的可能性就越小、传播范围越小、效率越低,但传播质量却较高,也就形成了所谓的"小众产品"。

三是传播形态。不同的传播形态会影响口碑传播的范围、效率和质量。文字、图片和视频对同一内容的呈现效果存在很大的差异。例如,图片较之文字,因其"别有用心"的构图和绚丽的色彩更容易吸引口碑接收者的注意力。例如,用户在浏览口碑传播者的消费评论时,更愿意获取带有图片的网络评价。

③ 口碑传播渠道对口碑传播形成机制的影响,主要包含传播方式、传播噪音和传播情境:

一是传播方式。不同传播方式和渠道的传播速度和反馈性等都存在差别。除专门提供给网络用户进行消费评价的平台,其他的网络口碑传播平台在购买力变现上也存在差异,进而影响口碑的再传播。

二是传播噪音。按照 Shannon 和 Weaver 构建的香农-韦弗沟通模式,所有的传播过程都避免不了噪音的干扰,噪音存在于传播过程的每一个环节,因此,口碑传播过程中自然也会受到噪音的干扰。传播过程中的噪音是指在传播过程中出现阻碍或干扰信息传播的物理障碍及人为因素,它不仅影响口碑传播的效率,还影响口碑传播的质量,甚至有可能导致信息发生过滤或失真。

三是传播情境。传播情境指的是口碑传播过程中的环境变量,是由多种因素构成的外部环境,具体包括场合、时机、其他人员的影响等。这些外部的环境变量对口碑传播行为的发生、传播效率和质量的影响是最直接的。例如,就时机而言,当接收者正要产生购买或消费行为及决策的时候,口碑信息恰好被接收者汲取,这个时候口碑传播的影响最为显著,而信息接收时间距接收者购买决策的时间越长,影响就越小。

④ 口碑接收者对口碑传播形成机制的影响,主要包含接收意愿、接受能力和个性特征:

一是接收意愿。很多学者将口碑接收者接收意愿的高低解释为涉入程度的强弱,二者都是用来表征口碑接收者对口碑信息接收动力大小的变量。较高的接受意愿/较强的摄入程度将会导致相对活跃的口碑传播行为和口碑影响力,如果消费者在实施消费决策或行为前接收口碑意愿较强烈,就会主动接收甚至主动搜寻各种口碑信息,以信息的充分性抵消其初始掌握信息的不完全引起的感知风险,尤其是购买新产品的风险。同时,与商业广告相比,口碑信息的可信度更高、搜寻成本更低,成为消费者做出消费决策前的重要信息来源。除此之外,涉入程度的强弱还能够揭示口碑接收者口碑信息理解动力的大小。理解动力越大的接收者,越愿意对接收到的口碑信息进行加工,形成自己的理解,进而产生一系列后续行为。

二是接收能力。与口碑传播者的传播能力相似,接收能力同样受到口碑接收者自身的教育水平、社会经验、生活阅历等因素的影响。然而,相较于口碑传播者的传播能力,口碑接收者的接收能力对口碑传播形成和传播效果的影响力更强,成为影响消费者购买决策和口碑传播质量的主要决定因素。研究者们普遍认为构成口碑接收者接收能力的诸多要素中,专业知识是其中最为显著的共性因素,即接收者们所掌握的能够准确地理解产品、熟悉服务特点以及感知消费体验的相关知识。

三是个性特征。个性特征是指人的多种心理特点的一种独特的结合,消费者个性特征就是指消费者在消费行为过程中逐渐形成的稳定的贯穿消费行为过程始终的心理特点。根据消费行为学的信息搜寻理论,消费者在产生购买或消费行为及决策前都会不同程度地受到外部信息的影响,但同一来源的外部信息对不同消费者的影响并不一致,具体的影响程度受到消费者自身个性特征的影响。对于缺乏主见的消费者而言,外部信息对其消费决策的影响更大甚至起到决定性影响。而对于具有主见的消费者而言,外部信息仅仅起到补充支持的作用。由此可见,口碑接收者的个性特征对口碑的传播存在影响。

除上述因素外,口碑传播者与口碑接收者之间的关系强度也是影响口碑传播的关键因素之一。相关研究表明,口碑传播者与口碑接收者之间强关系的存在使他们彼此之间的推荐更有可能引起双方主动搜寻和传递信息,并且强关系对接收者的行为影响要比弱关系更加显著。这可能是因为,强关系的双方无论是在接触频率、关系承诺还是人际信任等方面都比弱关系的双方更高(Brown,1987)[①]。

3.3.2 基于信息过程模型的网络口碑传播模型

(1) 信息过程模型概述

信息过程模型由钟义信教授提出,如图3-5所示,该模型将信息传播过程比拟为人类通过自身的信息器官认识世界和改造世界的过程[②]。具体来说,信息过程模型包含以下几个基本子过程:外象系统本体论信息的产生,信息获取,信息传递,信息认知到信息再生以及信息施效。其中,外象系统本体论信息的产生就是外部世界事物运动的过程。信息获取相当于

---

① Brown J J, Reingen P H. Social Ties and Word-of-Mouth Referral Behavior [J]. Journal of Consumer Research, 1987, 14, 350-362.

② 钟义信. 知行学引论——信息 知识 智能的统一理论[J]. 中国工程科学, 2004(06): 1-8.

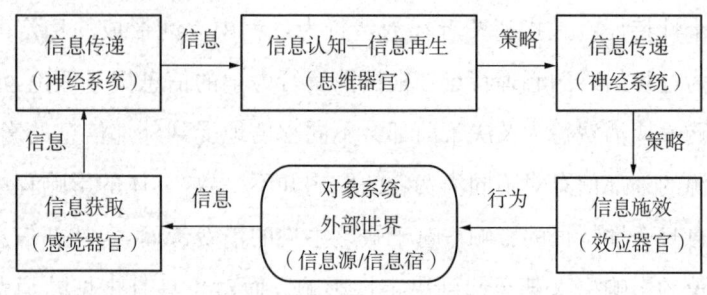

图 3-5 信息过程模型

人类认识活动中的感觉器官,包括信息感知和信息识别等环节。信息感知是信息获取的第一步,目的在于感知事物的运动状态及其变化方式。信息识别建立在信息感知的基础之上,需要对所感知的信息做出判断,将感知到的信息分为所希望的信息和不需要的信息。如果是所需要的信息,则将这部分信息进行进一步的感知分类。信息传递相当于人类认识活动中的神经系统,涵盖了信息在时间和空间传递上的方方面面,包括信息发送处理、传输处理和接收处理等环节。信息认知到信息再生则类似于人类认识活动中的思维器官,信息认知就是通过各种信息处理手段,对信息进行"去粗取精、去伪存真、由表及里、由此及彼"的加工,从大量的原始信息现象中抽象出具有普遍意义的科学本质,成为可供人们使用的知识。信息再生则是利用已有的信息和知识产生解决实际问题的策略的过程,也就是一个制定决策的过程,是整个信息过程模型的核心。信息施效过程相当于人类认识活动中产生效应的过程,是信息过程模型的最后一个环节,它是信息发挥效用的子过程,是整个信息过程的最终目的。

(2) 信息过程模型下的网络口碑传播模型

国内学者借鉴了信息过程模型,并在此基础上构建了虚拟社区口碑传播的链状模式,该模式包含了口碑信息产生、口碑信息获取、口碑信息认知、口碑信息再生和口碑信息施效五个环节,涵盖了口碑信息初始传播和再传播两个子过程,如图 3-6。

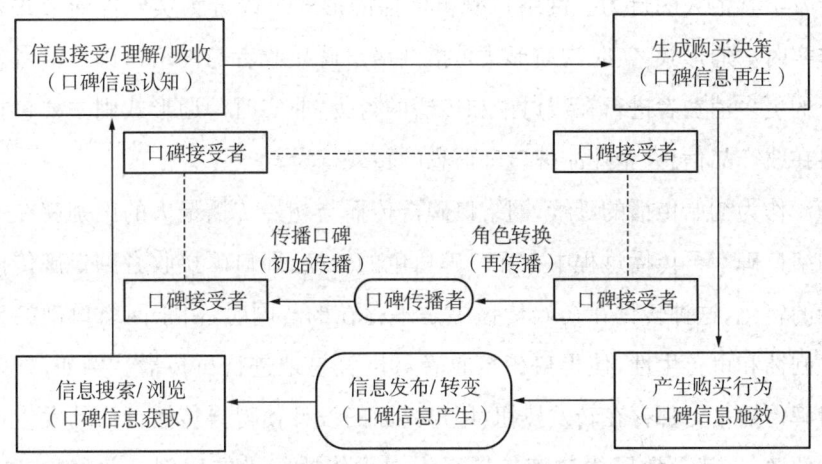

图 3-6　信息过程模型下的网络口碑传播模型

信息过程模型下的网络口碑传播模型虽然不能很好地解释传播环节中影响口碑形成的各个因素，但是形象直观地呈现了口碑信息传播的环状结构，模型的最后环节——信息施效能够在有效传播的情况下产生口碑信息的再传播，对研究口碑效应的放大和增值提供了借鉴价值（邓卫华，2011）①。

3.3.3　网络口碑的再传播

(1) 网络口碑传播的概念与研究价值

口碑传播过程中，口碑接收者在接收到口碑信息之后，往往会在口碑自身价值和传播者魅力等因素的感染下主动地向其他人传播接收到的口碑信息，这种行为被称为口碑再传播。传播学研究中也将再传播称作二次传播、转播等，也就是指网络口碑接收者将接收到的口碑信息通过互联网

---

① 邓卫华，易明. 基于信息过程模型的虚拟社区口碑传播研究[J]. 情报资料工作，2011(2)：36-39.

转发给其他人的行为。网络口碑再传播的形式可以分为实时沟通形式和非实时沟通形式,实时沟通形式是指网络口碑接收者与网络口碑传播者之外的更多消费者进行在线讨论和传播的行为,非实时沟通形式则主要包括对在线产品信息、企业品牌口碑信息的转载行为。

作为初始传播的延续,网络口碑再传播与初始传播最大的区别就在于网络口碑在再传播过程中存在口碑角色的转换,即口碑接收者到口碑传播者的转化,这种转化在初始传播中是不存在的。同时,由于网络口碑的易复制性和可再生性,使得口碑接收者可以轻易地进行再传播。例如,许多口碑传播平台都存在转发按钮,用户界面的设计使得再传播行为的发生更加便捷,这就导致网络口碑传播行为中再传播行为的比例日益增加。因此,网络口碑再传播行为的研究对于整个网络口碑的传播至关重要。

虚拟社区的在线评论发布、即时通信软件的实时交流、微博和电子邮件之间的信息流转等,互联网催化下多样化的网络口碑传播平台使得人们越来越重视网络口碑引起的连锁效应。而网络口碑之所以能够表现出强大的影响力,一个重要的原因就在于网络口碑信息能够不断被他人转发或通过信息再加工产生新的信息源,使得信息能够"病毒式"地进行扩散,达到惊人的传播效果。所以说,网络口碑再传播在网络口碑传播全过程中发挥着不容忽视的作用。

网络口碑再传播亦引起了公司实践者们的广泛重视,探索网络口碑再传播的重要环节和影响因素等可以帮助企业认识网络口碑再传播者的动机和性格特征,了解网络口碑传播过程中再传播者的心理状态、环境因素对网络口碑再传播的影响和作用机制,对口碑营销起到重要的指导作用。研究网络口碑再传播的重要环节和影响因素,不仅能够对企业营销提供建议,还能够引导再传播者进行良性的网络口碑传播,帮助消费者获得可信有效的口碑信息,实现理性消费。因此,网络口碑再传播成为网络口碑传播形成的重要环节并拥有其特殊价值。

(2) 网络口碑再传播的主要环节

① 接纳

网络口碑再传播中的接纳指的是初始传播过程中网络口碑接收者接收信息的过程,接纳帮助再传播者获得了再传播过程的信息源,是网络口碑再传播过程中必不可少的环节。接纳的内容与口碑内容相同,随着技术的革新和智能手机的普遍应用,口碑内容已经由过去以文字为主的描述性表达,转向图片、视频等多种形式结合的信息表达,接纳内容也随之发生变化。对于初始传播而言,接纳是网络口碑扩散的重点,而对于再传播,接纳是网络口碑再扩散的起点和基础。

② 再生产/再分享

网络口碑再传播从加工深度上可以分为网络口碑再生产和网络口碑再分享两种形式,是决定网络口碑再传播信息能否被接纳的至关重要的中间环节。提到网络口碑再传播,最容易联想到的行为就是博文转载、朋友圈转发等形式。但单纯的转载或转发行为通常被界定为"再分享",也就是再传播者对所接纳的信息直接进行复制转发或利用软件提供的转发按钮直接分享到自己所在的虚拟社区。相对的,再传播者将所接纳的信息结合自己的感官体验和评价,生产出新的口碑信息并通过网络传播,这个过程被称为网络口碑再生产。再传播者们通过再生产行为可以对原有的口碑信息进行补充、修正和完善,周而复始,不断流动(廖成林,2010)[①]。网络口碑的再生产与再分享最大的差别在于:前者能够产生创新扩散的新动力并扩大影响范围,后者则仅仅作用于扩大影响范围。因此,网络口碑再生产对网络口碑信息的"病毒式扩散"影响更加深远,在网络口碑再传播研究中的地位更加重要。

---

① 廖成林,程雷.《You》为什么再传播?——正、负面网络口碑再传播意愿影响因素实证研究[J]. 现代管理科学,2010(5):25-27.

③ 再接纳

网络口碑再接纳是网络口碑再传播的最后一个环节。对于一个网络口碑再传播过程而言,只有实现了口碑信息的再接纳,才能保障网络口碑再传播过程的完整性,才算完成了网络口碑再传播的全过程。网络口碑再接纳的程度决定了口碑信息的生命力和延续性,一条口碑再传播信息只有被接纳,才能够发挥再传播效用甚至重复再传播过程。

4 网络口碑传播效应理论研究

4.1 网络口碑传播效应概念

对于口碑传播效应的研究最早可以回溯至1954年。Whyte(1954)在研究中发现,人们常常在"晾衣绳"(over the clothes line)和"后院的篱笆"(across the backyard fences)之间的场地中相互影响着[①]。在这样的场合下人们会很自然地谈论起某些产品的使用经验、产品的优缺点等,在不知不觉中这些言论对于人们的消费行为和决策过程就产生了影响,这些影响便是口碑效应。

从广义上看,效应是指事情的生成和进展或者某人的语言和行为对于特定人群或事件所引起的效果和影响。依据此定义,我们可以将网络口碑传播效应定义为在网络交友或者网络购物等过程中网络消费者之间的交流互动行为对于其他潜在消费者、生产企业乃至产品和品牌所产生的影响。而这种影响又可以从两种视角进行更为深入的划分。从网络口碑内容的效价(正面网络口碑、负面网络口碑和中性网络口碑)上看,可以将网络口碑效应分为正效应和负效应;从网络口碑作用对象上看,又可以将网

---

① Whyte W H. The Web of Word-of-Mouth [J]. Fortune, 1954(1):140-143.

络口碑效应的影响分为网络口碑对于消费者的直接影响和网络口碑对于企业的间接影响。直接影响促发的是潜在消费者的效仿行为(消费者的跟随、跟从行为),即直接影响对应着网络口碑的跟随效应和网络口碑的跟从效应。间接影响指的是当企业获取和接受网络口碑之后所表现出的反馈行为(例如,企业对于网络口碑所反映的问题进行调查、分析和改进),即间接影响着网络口碑的反馈效应。

在新产品和新服务大量涌现的网络时代,消费者面对市场上纷繁复杂、同质化倾向严重的各类产品和服务往往不知所措,从而转向效仿自己信赖的亲朋好友,向他们寻求建议和帮助,或者干脆直接选择大多数人选择的产品,在这样一种通过效仿或者采纳他人的选择来帮助自己进行购买决策时,口碑对于消费者的跟随效应和从众效应就产生了;而当消费者对于某个品牌的产品或者服务的观点和态度被企业获得并对企业的某些决策和行动产生一定影响的时候,消费者网络口碑对于企业的反馈效应就产生了。综上所述,从消费者角度看,口碑效应表现为一种从众和跟随行为,而从企业角度看,口碑效应则表现出了一种对于企业的反馈机制。下面将分别从网络口碑对网络用户的跟随效应、从众效应和对企业的反馈效应进行解释。

(1)网络口碑的跟随效应

网络口碑的跟随行为是指消费者仅仅依据一个或少数几个关系较好的朋友或重量级客户对某种品牌产品或者服务的推广口碑或者反馈口碑而做出品牌选择的现象(陈明亮,2009)①。消费者选择效仿他人的行为主要有以下几点原因:首先,"信息爆炸"和"信息不对称"使消费者在品牌和产品选择的过程中无所适从;其次,通过效仿他人来简化决策过程中所花费的时间和精力;最后,他们相信可以通过效仿他人的行为来降低个人决

① 陈明亮. 在线口碑传播原理[M]. 浙江:浙江大学出版社,2009:88-90.

策的风险。正如 Hoffer 和 Banerjee 的研究中都提到的一种观点,即"当人们可以随心所欲地决定自己的行为的时候,他们往往会模仿别人"(Hoffer,1955;Banerjee,1992)[1][2]。显而易见,跟随行为不仅是口碑效应的体现,对于商家而言,这种消费者行为本身具有巨大的营销价值,明星代言就是商家根据此效应所设计出的最常见的产品推广策略。

(2) 网络口碑的从众效应

网络口碑的从众行为是指潜在客户依据绝大多数客户对某种品牌的总体口碑效价(正面口碑 vs. 负面口碑)而做出的品牌选择现象。从众行为和上面解释的跟随行为从广义上说都是消费者的模仿行为,不同的是消费者此类模仿行为所依据的人数有所差别,跟随主要是指模仿一个或少数人决策或行动的行为,而从众模仿的则是多数人的行为或决策。也就是说,从众行为产生的一个前提是关于某种品牌的口碑数量足够大,即必须要有较多消费者购买后的使用经历或者对于品牌、产品的评价或推荐等信息。而跟随效应不限制口碑数量,即消费者仅需根据自己的判断考虑是否跟随其产生购买行为。

从众行为是个人决策受到多数人决策影响的一种社会现象(Asch,1956)[3]。在心理学上,从众效应是指个体在真实的或者假想的群体压力下,努力在认知上或行动上与绝大多数人保持一致的现象(Bearden &

---

[1] Hoffer E. The passionate state of mind:And other aphorisms [M]. Harper New York,1955.

[2] Banerjee A V. A Simple-Model of Herd Behavior [J]. Quarterly Journal of Economics,1992,107(3):797-817.

[3] Asch S E. Studies of Independence and Conformity:I. A Minority of One Against a Unanimous Majority. [J]. Psychological Monographs:General and Applied,1956,70(9):1.

Etzel,1982)①。因此,从众不是某个人的特例行为,而是一种普遍的社会现象,例如人们青睐名牌、喜欢选择畅销书、倾向于光顾人多的餐厅等现象都是从众行为的表现。这种行为如此广泛是因为人们从潜意识中更加相信别人,更加趋向于相信多数人喜爱的东西具有较大的可信度,不愿意冒标新立异的风险,即使这样标新立异的选择是正确的(Deutsch & Gerrard,1955)②。由于此种行为的广泛存在,与其相应的口碑效应已被很多商家使用到产品的口碑推广策略中。

(3) 网络口碑的反馈效应

网络口碑反馈效应是指消费者网络口碑中的观点和意见被企业获取后对企业的某些决策和行动所产生的影响。

对于公司而言,网络口碑反馈机制有助于商家及时而有效地通过低成本的渠道获取消费者对产品的反应和态度,从而获取消费者品牌满意度的第一手资料。同时,网络口碑反馈机制可以向企业传递不满用户或者竞争对手刻意制造出的"危机信号",企业还可以通过对反馈数据挖掘来识别出危机的引爆点,并对其进行防御和监控,从而避免负面口碑对于企业品牌造成的危害。网络口碑反馈可以帮助企业区分消费者需求、了解自身产品和服务的不足之处,从而建立和塑造健康的品牌形象(Dellarocas,2003)③。因此,是否拥有高效的反馈机制,直接关系到企业是否能够清楚地知道客户的需求、自身的优劣势以及竞争对手的动向,进而关系到企业的生存和发展。

---

① Bearden W O, Etzel M J. Reference Group Influence on Product and Brand Purchase Decisions [J]. Journal of Consumer Research, 1982, 9(2): 183-194.

② Deutsch M, Gerard H B. A Study of Normative and Informational Social Influences upon Individual Judgment. [J]. The Journal of Abnormal and Social Psychology, 1955, 51(3): 629.

③ Dellarocas C. The Digitization of Word of Mouth: Promise and Challenges of Online Feedback Mechanisms [J]. Management Science, 2003, 49(10): 1407-1424.

4.2 网络口碑传播效应要素分析角度

我们将网络口碑行为看作一种通过社会网络节点(由单个行动者表示)和网络结构(由各个行动者之间的关系表示)传播的信息流。当一个信息(关于某个产品/服务的观点和态度等)从网络口碑交流平台上的一个节点到另一个节点的时候,信息流就产生了。如果没有这张隐形的网络,或者某个节点对于此信息不是很满意或赞同,那么信息流就不会产生和继续传播下去。这两点即为本书所关注的影响网络口碑效应的两个要点:信息流的传播和流动取决于独立行动者的信息传播行为,同时也取决于行动者整体关系网络的结构。

下面将从信息传播角度和人际网络结构角度两个方面详细阐述口碑效应要素。信息传播角度是一类从微观个体传播层面所提取的影响因素,例如,与传播过程相关的传播参与者要素、信息载体要素和传播渠道要素等。人际网络结构角度则是另一类从宏观总体结构层面所提取的影响因素(例如网络结构的疏密程度、网络整体中心趋势和网络中小团体数目等)。

4.2.1 信息传播角度的口碑效应要素分析

总体说来,口碑信息交流过程中有四个重要的要素,分别是口碑传播者、口碑接收者、口碑信息内容和口碑传播渠道。过往主要是从口碑信息传播者和口碑信息接收者的角度对口碑交流有效性进行研究,而与口碑信息传播密切相关的传播过程中的口碑信息表达方式、参与者关系强度,以及口碑传播的方式等要素却很少涉及。

鉴于以上原因,从信息传播角度出发,本书主要提取以下三个要素进行分析,即口碑信息内容相关的信息表达方式要素、口碑参与者属性相关的参与者关系强度要素和口碑传播渠道相关的口碑传播方式要素。

(1) 口碑信息表达方式

Holbrook 和 Batra 依据信息表达方式将信息类型分为两类,一种为"事实型信息"(factual message),指的是有逻辑、客观地阐述某个产品的特征或价值的信息[1];另一种为"评价型信息"(evaluative message),指的是主观化地对一种产品进行描述的信息。相似的,Park 和 Kim(2008)将网络消费者口碑分为以属性为中心(attribute-centered)的口碑和以效用为中心(value-centered)的口碑[2]。以属性为中心的口碑,即属于 Holbrook 和 Batra 所定义的事实型信息,同理,以效用为用心的口碑则属于评价型信息范畴。

早在 1955 年,Katz 和 Lazarsfeld 就提出了信息内容会对信息接收者的态度、意图和行为产生影响[3]。同时学者们也对不同类型的信息对受众的影响程度进行了各类研究:Holbrook 和 Batra(1987)在研究中发现可以通过传播事实型信息建立客户良好品牌态度;另有一些研究同样表明事实型信息在广告宣传中比其他类型的信息更加有效;然而有的学者却认为通过感性而富有情感的方式传播信息对于信息的接收更加有效;同时 Buijzen(2007)的研究表明电视广告中的事实型信息和评价型信息对于年龄在 9—10 岁的儿童来说一样有效[4];Lynch(2002)也强调,在我们和他人交互、交

---

[1] Holbrook M B, Batra R. Assessing the Role of Emotions as Mediators of Consumer Responses to Advertising [J]. Journal of Consumer Research, 1987, 14(3): 404–420.

[2] Park D H, Kim S. The Effects of Consumer Knowledge on Message Processing of Electronic Word of Mouth via Online Consumer Reviews. [J]. Electronic Commerce Research & Applications, 2009, 7(4): 399–410.

[3] Katz E, Lazarsfeld P F. Personal influence: The Part Played by People in the Flow of Mass Communications [M]. New York: Free Press, 1955: 68.

[4] Buijzen M. Reducing Children's Susceptibility to Commercials: Mechanisms of Factual and Evaluative Advertising Interventions [J]. Media Psychology, 2007, 9(2): 411–430.

流的沟通过程中进行趣味性的沟通,如笑话和幽默是非常重要的,很明显,网络口碑的内容表达方式更加生动有趣,会使信息接收者更容易接受,并且可以留下深刻印象[①];McMillan(2003)在基于网络的互动传播研究中,指出网络口碑的互动性、信息丰富性、易使用性、实时性、有趣性等都会影响到消费者对此种推广形式的接受度,即网络口碑的效应程度[②],并指出网络口碑的趣味性特点较之网络口碑的其他特征对消费者态度和行为、意愿的改变具有更大的影响力,网络口碑表达方式的趣味性通过加强受众的正面情感和态度,最终影响受众的购买意愿、点击浏览和回复的意愿,以及向朋友推荐和转寄的行为意愿。

以上的研究多在传统口碑的环境中,同时研究对象也各有不同。本书试图在网络环境中研究何种类型的网络口碑对口碑接收者影响更大。虽然在网络口碑交流中既会有事实型口碑也会有评价型口碑,但我们仍然可以将一个特定的口碑信息划分为以事实信息为主的口碑或者以评价信息为主的口碑。

(2)口碑传播参与者间的关系强度

在对口碑参与者关系进行说明之前,先对口碑参与者涉及的范畴进行概述。口碑传播参与者包括口碑信息的传播者和口碑信息接收者,而网络用户同时具有传播者和接收者两种身份。

口碑传播者是指向其他消费者传播口碑的人。传统的口碑传播者主要指向亲戚朋友等传达自己消费经历的消费者,而网络口碑的传播者涉及范围就相对广泛,不仅包括发表观点的传播者(主动发表对某产品或服务

---

① Lynch O. Humorous Communication: Finding a Place for Humor in Communication Research [J].Communication Theory,2002,12(4):423-445.

② McMillan S J, Hwang J-S, Lee G. Effects of Structural and Perceptual Factors on Attitudes Toward the Website[J]. Journal of Advertising Research,2003,43(4):400-409.

的意见和评价),还包括转送观点的参与者(不主动发表,而是"转载"或"转贴"他人评论)。消费者是口碑最直接的来源,消费者提供的产品信息是消费者基于自己的产品使用经历而形成的关于产品的评价。网络消费者的口碑不仅仅起到了产品评价的作用,同时还间接地起到了产品推荐的作用。

口碑接收者是指主动搜索或被动得到了口碑信息的消费者。由于网络口碑传播可以发生在亲戚、朋友、熟人和陌生人之间,因此这些对象都可能成为口碑的接收者。特别需要说明的是,在很多情况下,网络用户大多承担传播者和接收者双重角色,例如当口碑接收者将信息转发出去时,他的身份也随之改变为口碑信息的传播者。

口碑传播者和口碑接收者之间的社会关系的强弱程度用关系强度(tie strength)表示。强关系(strong tie)指个体间的熟知或亲密的关系程度,弱关系(weak tie)指个体间仅仅认识彼此,甚至不相互知晓的关系程度。自从 Granovetter(1973)发表了著名的"弱链接理论"[1],很多学者参与到对于关系强度对社会交互作用的研究中:已有研究证明,在人际交往的过程中,强关系较弱关系更加容易被激发,同时口碑在强关系社群中传播速度比在弱关系社群中更快(Reingen & Kernan,1986)[2];另有研究发现在社会学习过程中弱关系比强关系能够更加有效地传播新的理念和想法;社会网络理论指出社群中的个体和群体行为受到社群参与者之间的关系影响远大于受到参与者个体属性的影响;Bansal 和 Voyer(2000)的研究表明,熟人和好

---

[1] Granovetter M S. The Strength of Weak Ties [J]. American Journal of Sociology,1973,78(6):1360-1380.

[2] Reingen P H, Kernan J B. Analysis of Referral Networks in Marketing: Methods and Illustration [J]. Journal of Marketing Research,1986,23(4):370-378.

友之间的直接或者间接的口碑传播行为是非常频繁的[①];Brown 和 Reingen(1987)指出在宏观群体交互层面,弱关系对于信息交流和传播起到了非常重要的"桥接"作用,而在微观个体交流层面,强关系更容易发挥作用[②];王尊智在产品的网络口碑对于关系强度的不同依赖性的研究中,指出前者受到网络口碑的影响更大[③]。

综上所述,口碑参与者之间的关系强度对于口碑的传播效率和接受程度的影响是需要重视的。由于关系强度比较难以测量,本书通过调查问卷的方式获取好友之间的关系强度,量表的标尺采用李科特分量表。

(3) 口碑传播方式

传统口碑传播主要是通过一对一的方式进行私人传播,而随着信息技术的发展和网络的普及,各类传播平台的数量与日俱增,使得网络口碑的传播方式更为多元化。根据传播对象数量的不同,网络口碑的传播形式可划分为一对一、一对多和多对多几种,前者包括 E-mail、即时交流互动工具 QQ 和 MSN 等;后两者主要包括电子公告栏系统(BBS)、博客(Blog)、电子商务网站(E-Commerce Website)和社会交互网站(SNS)等。

电子邮件是互联网中应用最广泛的服务,通过电子邮件进行口碑传播不需要对方实时在线,接收方可以异步接收与回复,因而在网民中的使用率非常高。和电子邮件传播相比,实时性是即时通信工具(QQ、MSN 等)最大的特征,同时由于"陌生人"之间也可以通过即时通信工具进行实时沟通,因此它比电子邮件拥有更为广泛的用户群体和受众群体。电子公告栏

---

① Bansal H S, Voyer P A. Word-of-mouth Processes Within a Services Purchase Decision Context [J]. Journal of Service Research, 2000, 3(2): 166-177.

② Brown J J, Reingen P H. Social Ties and Word-of-Mouth Referral Behavior [J]. Journal of Consumer Research, 1987, 14: 350-362.

③ 王尊智. 网络口碑中个人专业与关系强度对购买决策的影响——以电子邮件为例 [D]. 台北:台湾科技大学, 2004: 43.

系统则以开放的沟通环境、划分细致的交流主题和定位准确的兴趣群体深受众多网民的喜爱。博客激发了网民的自主意识和创造性,而各类社交网站(SNS)则为网民呼朋唤友、休闲交流提供了平台。

不同的口碑传播方式有着特点各异的代表平台,然而在各类口碑传播平台中,不同的传播方式对用户行为的影响效力有什么区别则少有研究,因此本书将通过场景模拟的实验方式对传播方式要素进行实证研究。

4.2.2 人际网络角度的口碑效应要素分析

依据社会网络理论,我们已经对网络结构相关要素(口碑网络中心性、口碑网络小团体组成和口碑网络密度)的概念有所了解,下面将给出这些要素的测量、分析和计算的方法。

(1) 网络口碑中心度

在社会网络中心性的描述中,有两种重要的度量方法:中心度与中心势。中心度指的是一个节点在网络中处在核心地位的程度,中心势则描述整个图的紧密程度或一致性,也就是一个图的中心度。而社会网络的中心性又可分为三种:点度中心性、接近中心性、中间中心性。其中每一种中心性都有中心度和中心性两种指数描述。

网络中一个点的点度中心度(Degree Centrality)可以用网络中与该点之间有联系的点的数目来衡量,即与一个节点相关联的边的条数。有向图中每个节点都有一个出度和入度,分别是指入边和出边的条数,在一个包含 n 个点的图中,任何一个点的最大可能的度数是 $n-1$,因此,可以得出以下绝对点度中心度的计算公式。

如果网络是有向的,其中一点 n_i 的绝对点度中心度的表达式为:

$$C_D(n_i) = (n_i \text{ 的点入度} + n_i \text{ 的点出度})/(2n-2) \quad (4-1)$$

如果网络是无向的,其中一点 n_i 的绝对点度中心度的表达式为:

$$C_D(n_i) = n_i \text{ 的度数} /(n-1) = d(n_i)/(n-1) \qquad (4-2)$$

在口碑交流网络中,节点的点度中心度属性表示的是在沟通交流过程中,这个节点所代表的口碑传播者与口碑接收者的沟通次数的多少,数值越大说明口碑传播者与口碑接收者的沟通交流越多,反之则越少。

所谓节点的接近中心度(Cloeseness Centrality),是指一个节点到所有其他节点间最短路径之和。从本质上说接近中心度主要关注的是两节点之间的捷径关系而不是简单的点间关系。也就是说与一个点相连接的其他节点的最短路径数越少,此点就具有越高的接近中心度。接近中心度指标反映节点在网络中位置的居中程度。即节点到达其他节点所需最少的连接。节点的接近度值越小说明节点与其他节点联系越紧密。其表达式如下:

$$C_{ACi}^{-1} = \sum_{j=1}^{n} d_{ij} \qquad (4-3)$$

其中,d_{ij} 是点 i 和 j 之间的捷径的距离。因为 $\sum_{j=1}^{n} d_{ij}$ 的值越大,说明点 i 与其他点的距离越大,该点越不是网络的核心点,因此这里采用"-1"次幂表示其意义。在应用绝对接近中心度分析网络中节点的中心性时要特别注意这一点。

在口碑交流网络中,节点的接近度值说明了口碑参与者之间的交互关系的紧密程度。当节点的接近度值偏小时,说明节点所代表的口碑传播者与口碑接收者之间交流关系紧密,信息交流通畅。当节点的接近度值偏大时,说明节点所代表的口碑传播者与口碑接收者之间关系疏松,信息交流不通畅。因此较小接近度值的节点所代表的口碑传播者能够充当交流网络中信息发布人的作用,因为他到达其他节点的距离最短。在任何一个团队和网络中,信息发布人都是不可或缺的,没有他整个团队就无法实现信息的快速流通。

需要注意的是,在分析和计算上对于接近中心性的要求很高,必须是完全相连图形(fully connected graph)才能计算接近中心性。也就是说,如果一个节点和其他节点根本没有任何联系,就没有"路径"和"距离"的概念可言了。但是根据接近中心度的计算公式,在一个节点和其他节点交流极少的情况下,它和其他节点之间最短路径的总和就越小,故接近中心性就会越大,而这种情况很显然和实际情况是不相符合的,因此在使用接近中心性指标时要十分注意(罗家德,2010)①。

在社会网络分析中还有一个非常重要的节点属性,那就是节点的中间中心度属性(Between Centrality)(Bonacich,2004)②。所谓节点的中间中心度是指其他节点的最短路径通过本节点的频数,反映节点对其他节点之间的沟通控制能力。此属性的重要性是由一个节点位于其他两节点最短路径上的频数决定的,频数越高此节点中间中心度越大,它对于其他节点的掌控能力也就越大。所谓对其他节点的控制能力是指当把网络中的这个节点除去时,其他节点到达剩余节点的最短路径将会增加,甚至有些节点将会与主体网络断开。当然这些增加值越大,或者与主体网络断开的节点越多,那么这个节点对其他节点的控制能力就越强。

例如,一个点对 X 和 Z 之间可能存在多条捷径(geodesic),假设为 n 条。一个点 Y 相对于点对 X 和 Z 的中间度指的是该点处于此点对应的捷径上的能力。可以用"中间性比例"来刻画这种能力,它测量的是 Y 在多大程度上位于 X 和 Z 的"中间"。其定义为:经过点 Y 并且连接点 X 和点 Z 的捷径占 X 和 Z 之间捷径的总数之比。这就是中间中心度的计算方法。

具体地说,假设点 j 和点 k 之间存在的捷径的数目用 g_{jk} 表示。经过

---

① 罗家德. 社会网分析讲义 [M]. 社会科学文献出版社,2010.
② Bonacich P, Holdren A C, Johnston M. Hyper-Edges and Multidimensional Centrality [J]. Social Networks,2004,26(3):189-203.

第三个点 i 的点 j 和点 k 之间的捷径的数目用 $g_{jk}(i)$ 表示。点 i 处于点 j 和点 k 之间的捷径上的概率用 $b_{jk}(i)$ 表示,其计算公式为:

$$b_{jk}(i) = g_{jk}(i)/g_{jk} \tag{4-4}$$

如果计算点 i 的绝对中间中心度[记为 $C_{AB}(i)$],只需要把点 i 相对于图中所有点对应的中间中心度相加即可,其计算公式为:

$$C_{AB}(i) = \sum_{j}^{n}\sum_{k}^{n} b_{jk}(i), j \neq k \neq i, 并且, j < k \tag{4-5}$$

在口碑交流网络中节点的中间中心度反映的是其传播者在"疏通"交流中的重要作用,即反映口碑传播者在沟通网络中的连接性,也就是说这个传播者对其他接收者之间的相互交流的促进作用。具有较高的中间中心度的人会使网络中成员之间的沟通交流关系变得更加紧密。有时候中间中心度的值和接近中心度的值会接近一致。因为它们反映的都是节点在网络信息沟通中的作用。区别在于接近度值反映的是信息通过节点到达其他节点的难易程度,而中间性反映的是信息流通时对节点的依赖性。换句话说就是,信息发布员一般由网络中接近度值较小的人员担任,而信息阻断人员将可能是中间中心度值偏大的人员。因此可以说,点度中心度是一种用来衡量网络中行动者与其他参与者联系数量多少的一个局部中心度指数,这一指标并没有考虑到行动者对其他成员的影响力,而中间中心度则可以用来度量一个行动者影响或控制其他成员的能力,接近中心度则表现了网络中的行动者不受他人控制的能力。

上文已说明了"中心度"是对于网络中总体参与者属性的刻画,"中心势"(Centralization)则是对于整个网络的属性的刻画。对于一个网络来说,其中心势指标的计算方法和思路如下:首先计算出网络图中中心度的最大值,其次分别计算该最大值与其他中心度值之间的差值,再次对这些差值求和,最后求出上一步骤中所得的总和与这一总和的最大可能值之间的比值。前文所述的三种中心度都有与其相对应的中心势,但需要注意求解接近中心势的要求很高,必须是完全相连图形(fully connected graph)才能计算接近中心势。

在计算过程中,点的中心度可以用绝对中心度(记为 C_{ADi}),也可以利用相对中心度(记为 C_{RDi})。根据绝对中心度计算出来的中心势称为"绝对点度中心势指数"(记为 C_{AD}),根据相对中心度计算出来的中心势称为"相对点度中心势指数"(记为 C_{RD})。如果图中点的绝对中心度的最大值记为 C_{ADmax},相对中心度的最大值记为 C_{RDmax},网络的"绝对点度中心势指数"和"相对点度中心势指数"可分别表达为:

$$C_{AD} = \frac{\sum_{i=1}^{n}(C_{ADmax} - C_{ADi})}{n^2 - 3n + 2} \quad (4-6)$$

$$C_{RD} = \frac{\sum_{i=1}^{n}(C_{RDmax} - C_{RDi})}{n-2} \quad (4-7)$$

公式 4-6 和公式 4-7 的具体推理过程,可参考刘军的著作《社会网络分析导论》[①]。中间中心势(Between Centralization)也是用来反映网络整体结构的指数之一。其含义是网络中所有节点的中间中心性的最大值与其他节点的中间中心性的差距。其计算公式为:

$$C_B = \frac{\sum_{i=1}^{n}(C_{ABmax} - C_{ABi})}{n^3 - 4n^2 + 5n - 2} = \frac{\sum_{i=1}^{n}(C_{RBmax} - C_{RBi})}{n-1} \quad (4-8)$$

公式 4-8 中,C_{ABmax} 是网络中点的绝对中间中心度的最大值,C_{RBmax} 是网络中各节点的相对中间中心度的最大值。

若网络中某个节点与其他节点间的差距越大,则该网络的中间中心势就相对越高,这说明该网络中存在着多个小团体,同时还有一些承担团体

---

① 刘军. 社会网络分析导论 [M]. 北京:社会科学文献出版社,2004:5-6.

间传递任务的节点,因此这类节点在网络中的地位就显得十分重要。如果该网络表示的是一个组织中的信息传递网络,那么较高的中间中心势并不意味着优势。因为网络中大部分的信息都为某一个人所垄断,并不利于组织中信息的传播和共享(罗家德,2010)①。

(2) 网络小团体组成

社会网络分析中对网络中的小团体进行划分和分析的方法有很多,根据计算方法的不同,小团体分析方法主要分为两种,即以距离计算的凝聚子群分析和以度数计算的凝聚子群分析。下面将对主成分分析和以度数进行计算的凝聚子群分析进行介绍。

将一个具有特定边界的网络成分进行划分的过程称为成分分析。一个节点所属的成分是指,从此节点出发沿着有向图中边所构成的路径可以到达的节点的集合(Costenbader,2003)②。有向图中一个节点同时有入成分和出成分,分别是指沿着图中边所构成的路径可以到达此节点的所有节点集合,以及从此节点出发沿着有向图中边所构成的路径可以达到的节点的集合。分离出来的成分可以帮助我们了解子群对网络的影响。例如,某网络中存在着两个成分,若两个成分间有交集,则表示信息可能在网络中快速传播,若两个成分间没有交集,则信息传递的速度会受到负面影响,同时还可以说明这两个子群间可能存在特征上的差异。在口碑交流网络中成分就是指口碑信息传播者与网络中发生直接或者间接交流沟通关系的口碑接收者的集合。

派系分析是比成分分析更加严格的小团体分析。而其中以度数计算的凝聚子群分析包括 k-丛(k-plex)分析和 k-核(k-core)分析。k-丛是凝

---

① 罗家德. 社会网分析讲义 [M]. 北京:社会科学文献出版社,2005:156.
② Costenbader E, Thomas W. The Stability of Centrality Measures When Networks are Sampled [J]. Social Networks, 2003(25):283-307.

聚子群的一种,在一个 k-丛中,每个节点都至少与除了 k 个节点之外的其他所有点相连。即当该凝聚子群的规模为 n 时,其中每个节点至少都与该凝聚子群中 n-k 个节点存在着直接联系,也就是说每个节点的度都最少为 n-k。例如,对一个 2-丛来说,它所包含的每个点都至少与其他 n-2 个点相连。

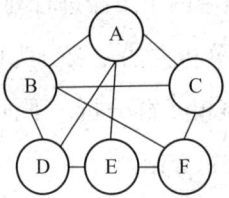

图 4-1　3-丛示意图

图 4-1 的规模为 6,即 n=6。取 k=3,则 n-k=3。根据 k-丛的定义,如果图中每个点都至少与其他 3 个点有直接联系,那么这就是一个 3-丛。通过观察,A 点和 B 点都和其他 4 个点有直接联系,而 C、D、E、F 均与其他 3 个点有直接联系,所以图 4-1 是一个 3 丛。

在 k-丛分析中,k 的值是由研究者确定的。但是当 k 多大时研究 k-丛才具有一定的意义呢?学者们给出了如下表 4-1 的经验"原则":

表 4-1　k-丛中 k 的取值原则

k	网络的最低规模
2	4
3	5
4	7
k	2k-1

k-核与 k-丛的概念大同小异,不同点是 k-核指的是子图中的所有点都至少与该子图中的 k 个其他点有直接联系,同时 k-核分析中的 k 的值不需要由研究者确定,而是由分析软件自动给出。

(3) 口碑网络密度

网络密度是指一个网络中实际存在的关系(边)数量与所有可能存在的关系(边)的数量之间的比值。密度是分析群体的结构形态(紧密关系或疏离关系)的重要指标之一。若一个网络的密度为1,则说明该网络中的每个点都与其他所有存在的点相连,若该网络密度为0,则说明该网络中不存在任何相连节点。对于一个确定的网络来说,两点之间连线数量的多少决定了该网络密度的大小。口碑人际网络中的网络密度可以反映出网络中各节点(网络口碑传播者)间关系的紧密程度。通常,密度较高的团体内部交互行为较多,信息交流较为顺畅;而密度较低的团体内则经常存在信息沟通不畅、情感交互少和团体归属感不强等问题。

社会网络分析中,衡量一个大的网络中小团体现象的严重程度要用到凝聚子群的密度(External-Internal Index, E-I index)这一指标,该指标在分析组织管理等问题时十分有用。组织中通常会出现一些小团体,但比较糟糕的情形是大团体很散漫,核心小团体却有高度内聚力,这样就很可能出现小团体间相互斗争的现象。凝聚子群的密度计算公式如下:

$$E - I\,index = \frac{density - of - subgroup}{density - of - group} \quad (4-9)$$

也就是说,凝聚子群的密度等于子群密度与整个网络的密度之比,取值范围在-1(左极限)与+1(右极限)之间。该值越靠近左极限说明位于群体之外的关系越密集,意味着"派系林立"情形越显著;该值越靠近右极限,说明"派系林立"的程度越低;该值越接近于0,表明子群间的关系越趋向于随机分布,"派系林立"的情形较难识别。

E-I index是反映企业组织管理危机级别的重要指数之一。当某企业的该指数过高,说明该企业中存在着结合紧密的小团体,并且团体内成员可能开始谋取团体私利,这将对企业的整体利益产生极大的伤害。

鉴于E-I index的构造思路,该指数的适用范围较为广泛,不仅可用于企业管理,还可以作为研究某一具体领域的口碑传播者间关系的工具。若一个口碑传播网络中存在着密度较高的凝聚子群,则说明该子群内的成员形成了较为紧密的联系,并进行着频繁的信息交流和共享。相反,子群成员与该子群之外的人之间进行信息交互的机会则相对较少。在一定程度上来说,这种网络结构对新产品的宣传和拓展十分不利。

5 网络口碑传播效应实证研究

5.1 基于信息传播视角的网络口碑效应实证研究

本章节以 3.2 网络口碑传播主要基础理论部分所介绍的社会影响理论为基础,对于 4.2.1 节提出的基于信息传播视角的口碑效应要素进行实证研究。具体步骤包括依据理论基础的介绍及理论框架的搭建、基于理论框架提出的研究假设、具体的实验过程(实验设计、调查问卷设计、问卷信度和效度控制等)以及总结与分析。

5.1.1 理论框架

(1) 理论基础

学术界将社会影响分为信息性社会影响和规范性社会影响两种类型(Deutsch,1955)[①],而内化和认同是社会影响产生时的两个主要过程,具体解释参见 3.2.2 节相关理论。由于口碑交流是一种社会交互过程,而无论内化还是认同都是一个态度改变的过程,而接收者态度和行为的改变正是

---

① Deutsch M, Gerard H B. A Study of Normative and Informational Social Influences upon Individual Judgement [J]. J Abnorm Psychol, 1955, 51(1): 629 - 636.

口碑信息传播的终极目的,因此采用社会影响理论作为本章的理论依据。

(2) 研究要素

本章所研究的因变量为网络口碑效应,即网络口碑是否可以影响接收者的态度或行为。具体来说就是用户对于网络口碑的接收行为(口碑信息接收度)。有学者指出在定量研究中,当实际行为难以量化测量时,可将行为意图作为替代测量指标(Ajzen & Fishbein,1970)[1]。由于该案例是在朋友间相互推荐产品的情境中测量口碑信息的有效性,因此将口碑接收者对朋友推荐产品的购买意图作为研究因变量的替代测量指标(Frenzen,2004)[2]。自变量分别为和信息传播相关的三个因素:口碑信息表达方式、口碑参与者关系强度和口碑传播方式。下面将对此三个因素并进行概要说明:

一是信息表达方式。从信息的表达方式的角度出发,可以将信息分为两类。一种为"事实型信息",指的是有逻辑地、客观地阐述某个产品的特征或价值的信息。另一种为"评价型信息",指的是主观化地对一种产品进行描述的信息(Holbrook & Batra,1987)[3]。

二是关系强度。信息传播者和信息接收者之间的社会关系的强弱程度用关系强度表示。强关系指个体间的熟知或亲密的关系程度,弱关系指个体间仅仅认识彼此,甚至不相互知晓的关系程度。已有研究证明在人际交往的过程中,强关系较弱关系更加容易被激发。但是另有研究发现在社会学习过程中弱关系能比强关系更加有效地传播新的理念和想法(Ellison

---

[1] Ajzen I, Fishbein M. The Prediction of Behavior from Attitudinal and Normative Variables [J]. Journal of Experimental Social Psychology, 1970 (6): 466 – 487.

[2] Frenzen J, Nakamoto K. Structure, Cooperation, and the Flow of Market Information [J]. Journal of Consumer Research, 2004, 20(3): 360 – 375.

[3] Holbrook M B, Batra R. Assessing the Role of Emotions as Mediators of Consumer Responses to Advertising [J]. Journal of Consumer Research, 1987, 14(3): 404 – 420.

& Fudenberg,1995)①。

三是口碑信息传播方式。口碑信息既可以通过私人方式传播,也可以通过公众方式传播。根据参与者的数量,可以将口碑传播分为一对一的私人传播和一对多的广播式传播。一对一传播的缺陷是在某一段时间内,特定的口碑信息仅能影响一个人。随着信息技术的发展,一对一传播的缺陷被各类交互式网络平台所克服。人们可以在交友平台上通过发布自己的状态更新向所有的好友告知自己的近况,也可以通过邮件群发功能同时和许多好友沟通,因此口碑传播的时效性和影响力被信息技术进一步增强和提升。

(3) 研究假设与研究框架

根据以上提出理论依据和研究要素,我们提出以下 4 条假设:

假设 1:评价型口碑信息比事实型口碑信息对网络口碑传播效应有更高的影响力。

我们假设网络口碑信息的表达方式对口碑传播效应有显著影响。根据社会影响理论,评价型信息将会通过认同过程而触发规范性社会影响。在此过程中,口碑信息接收者认为接收口碑传播者的信息将会达到信息传播者的预期,从而激发和信息传播者之间的正向关系。同时评价型信息比事实型信息更加有感染力,因为评价型信息多为个人经历的陈述和情感性表达,对于接收者而言更加具有影响力。

假设 2:口碑传播者和接收者之间的强关系比弱关系对网络口碑传播效应有更高的影响力。

我们假设口碑信息传播者和接收者之间的社会关系强度对于网络口

---

① Ellison G, Fudenberg D. Word-of-mouth Communication and Social Learning [J]. Levines Working Paper Archive, 1995, 110(1): 93-125.

碑传播效应有显著影响。当口碑信息传播者和接收者之间为强关系时,口碑信息将会触发认同过程。口碑接收者会因为认为采纳来自好友的信息将有助于维护彼此间友谊而接收此信息。相反弱关系的传播者和接收者之间将不会产生此类过程。

假设3:口碑传播方式将改变口碑信息表达方式对网络口碑传播效应的影响程度。

网络口碑信息既可以通过私人的方式(如一对一的方式)也可以通过公共方式(如大众广播方式)在网络平台中传播。我们假设口碑信息传播方式会调节口碑信息表达方式对于口碑传播效应的影响效果。更具体地说,我们认为在私人的一对一环境中,评价型信息对于购买意图的影响将更加有效。当信息通过广播的公开方式传播的时候,口碑信息对于购买意图的影响力将降低,因为在公开环境中信息接收者没有在一对一的私人环境中必须接收信息的压力。然而对于事实信息而言,一对一传播方式和广播式传播方式对于购买意图的影响却没有很大的区别。

假设4:口碑传播方式将改变口碑参与者关系强度对网络口碑传播效应的影响程度。同时假设,口碑信息传播方式会调节口碑参与者关系强度对口碑传播效应的影响效果。

具体地说,如果口碑信息传递者是信息接收者关系紧密的好友,当信息接收者收到信息时他会认为此信息是传播者出于对自己的了解,或者出于对自己的关心特意发送给自己的。因此规范性社会影响将会激发认同过程,促使接收者的购买行为。但是如果信息是通过公共广播的方式传播的,关系强度的影响效果将会降低,因为接收者将不认为此信息是专门发送给自己的。

我们还考虑了其他一些可能影响到口碑传播效应的变量,例如口碑接收者对于交流网站的态度和接收者对于被推荐产品的态度(Dhar &

5 网络口碑传播效应实证研究

Wertenbroch,2000)①。本研究的总体概念框架如图 5-1。

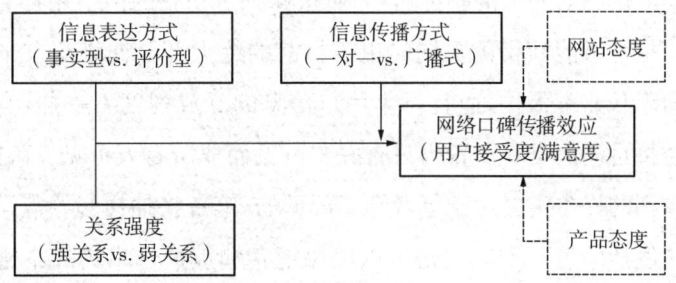

图 5-1　网络口碑传播效应研究的概念框架(信息传播角度)

5.1.2　样本抽样

本实证的目的是考察在网络交互环境中,不同的口碑信息表达、不同的口碑参与者关系强度和不同的口碑信息传播方式对口碑效应的影响。当今的网络环境中很多沟通平台的交流方式是单一的,如电子邮件交流和即时通信工具的交流仅为一对一的交流方式,而很多网络社交平台不仅仅内嵌有短信和邮件等一对一通讯方式,还有群发或者改变个人状态等一对多的通讯方式,这样更加方便我们考察在不同交流方式下的口碑效应。因此,我们选择国内网络交友社区——开心网(www.kaixin001.com)作为样本选取源。选择开心网的另一个主要原因是,和其他一些全国大型网络交友社区如校内网(www.renren.com)等相比,开心网的受众来源非常的广泛,不仅仅包含校内网所涉及的同学网络,还会包含工作同事网络、亲戚网络、共同兴趣爱好者网络。开心网受众广的这一特点使其平台的用户群体作为真实情况下的网络口碑的参与者具有广泛的代表性。

本章实证研究中采用以笔者本人为起始点的随机抽样而没有采用分

---

① Dhar R, Wertenbroch K. Consumer Choice Between Hedonic and Utilitatrian Goods [J]. Journal of Marketing Research, 2000：60-71.

层抽样或复杂层次抽样等其他更为复杂的抽样方式,因为这些抽样方式都需要获得一份相对完整的整体名单,而这样一份完整的网络用户名单在当前情况下是不可能获得的。同时由于目前的绝大部分网络交友平台对于其用户的隐私非常保护,而且每个用户信息的开放程度不一样,有些网络参与者会将自己的资料设置为只有好友可见而非所有人可见。因此,为了保证抽取到的样本资料对于笔者都是可见的,笔者将抽样起始点设置为自己。这样设计的另一个原因是可以确保笔者和被抽选出的样本进行正常沟通,而这是后续调研的开展和模拟交互环节顺利进行的非常重要的前提条件。

以笔者为抽样起始点,从笔者好友名单中随机抽取 200 个好友链接,通过网络沟通,有 181 名好友愿意参加本次实验。为了确保实验结果的准确性和实验内容的保密性,我们需要参与者在统一规定的时间内完成我们的虚拟场景模拟和最终调查问卷,因此我们统一设置了链接的有效时限,一旦超出规定的时间,链接将自动失效。在正式实验时,由于一些参与者没有按照规定时间参与实验,致使链接过期无效而无法成为有效样本,因此最终收集到的有效参与样本的人数为 169 人。需要说明的是,在正式实验中,问卷是在网上直接填写的,每一页只要有选项没有填写,或者填写格式不符合要求或不符合正常逻辑,调研系统会对受试者进行提醒。因此,本次实验 169 名参与者没有因在问卷填写过程中明显缺失答案或者答题不符合逻辑等而被进一步筛选。经过统计,所有受试者的年龄在 22 岁到 46 岁之间。在有效样本中,44.8%的参与者为在校各个专业(如计算机、电子工程、管理学、医学、生物工程、地球科学等)的学生,其余 55.2%的受试者为各行业(如销售和服务行业、计算机通信行业、教育行业等)的工作者。88.2%的受试者拥有开心网账户一年以上。同时 75.1%的受试者每天至少登录开心网平台一次,由此可以看出受试者对开心网交流平台有一定程度的了解,同时受试者样本来自各行各业,作为样本总体有广泛的代表性。

5.1.3 实验过程

(1) 实验设计

实验过程主要分为两个阶段,即预实验(Pilot Test)阶段和正式实验(Formal Study)阶段。正式实验阶段中又包含了预调查(Pre-Test Questionnaire)、虚拟场景模拟(Simulation Situation Experiment)和最终调研(Post-Questionnaire)三个部分,下面将对每一个步骤进行简要介绍。

为了测试变量操控是否成功和实验中可能出现的其他非预见性问题,在正式实验前我们选择了 12 个人(这 12 个受试者不参与正式实验)进行预实验。

在预实验时我们告知这 12 个受试者本次实验的性质是预实验,因此在进行实验的同时请他们快速记录实验中的感受,如实验中遇到的困难、问卷中不理解的语句和觉得欠妥的地方。同时提醒受试者虽然这是预实验,但是参与的总体时间也是我们考察的一个指标,因此无论遇到什么问题,只需将遇到的问题进行快速记录以便实验后反馈给我们,而不要中断实验过程。实验结束后我们将向受试者详细解释本次实验设计的每一个步骤的目的,同时和他们沟通关于实验设计、实验模拟过程、问卷题目设置等存在的问题。最后我们将根据他们反馈的问卷结果和口头意见对预调研问卷、最终调研问卷和虚拟网页设计进行改进。

受试者通过给定链接进入正式实验中的预调查平台,每个受试者被要求填写一份预调研问卷以便收集受试者的基本信息(如年龄、专业、对于网站的态度和对于实验产品的态度等),这些信息不仅可以对参与者人口统计学方面的数据进行收集从而验证样本是否对总体有广泛的代表性,同时这些信息还对一些调节变量,如口碑参与者对网站的态度和口碑参与者对于产品的态度等进行测量和控制。之后受试者进入下一个页面,在此页面中,受试者被要求对自己的五名好友(从受试者开心网朋友列表中随机选择)的关系熟悉程度进行打分。分值选项采用李科特 7 分量表，1—7 分表示关系程度，"1"表示非常不熟悉，"7"表示非常熟悉。最后系统将从这五名好友中随机选出一名好友作为虚拟场景模拟阶段中口碑信息推荐者向受试者传递口碑信息。

在经过预调查的所有步骤后，调查页面将会提示受试者即将进入虚拟场景模拟界面，同时程序会随机在提示页面中显示这个场景是"一对一"的短信传播场景或者是"一对多"的广播式传播场景。即在虚拟交互实验中每个受试者被随机安排到八个组中，每个组设计为虚拟的开心网用户交互情境，每个界面都定制为特定受试者的开心网交互页面。

虚拟模拟实验后受试者被要求填写一个对于购买意图反馈信息的调研问卷。需要说明的是实验所要测量的是三个自变量(口碑信息表达方式、口碑传播方式和口碑参与者关系强度)和因变量(口碑效应)之间的影响关系。其中信息表达方式和传播方式两个变量已经通过虚拟场景模拟进行控制和测试。关系强度变量则在预调研问卷中进行调查获取。本实验研究的因变量为网络口碑效应，它在实际生活中是一个抽象化的概念，根据第一章对效应的解释，网络口碑效应即为网络口碑对消费者态度和行为的影响，也就是网络口碑传播者在多大程度上影响接收者的态度或行为。具体来说就是用户对于网络口碑的接收行为(口碑信息接收度)。由于本书是在朋友间相互推荐产品的情境中测量口碑信息的有效性，因此将口碑接收者对于朋友推荐产品的购买意图作为因变量的替代测量值，用户的购买意图数据在最终调研阶段进行调查和获取(Frenzen & Nakamoto,2004)[①]。

在正式调研阶段的调查问卷中，我们还对一些可能的协变量进行了控制和测量。例如，我们通过产品的选取对传播者的专家程度和接收者的专

[①] Frenzen J, Nakamoto K. Structure, Cooperation, and the Flow of Market Information [J]. Journal of Consumer Research, 2004，20(3)：360-375.

业性进行了控制。同时我们还考虑到其他一些可能影响到口碑接收效应的变量,例如接收者对交流网站的态度和接收者对被推荐产品的态度。

本调查问卷中的每一个测量选项都来源于学者们在过往量表中所采用的指标(见下表5-1),并且结合本书的研究对象和本章节的实验目的对量表进行了补充和改进。同时,根据相关学者所指出的对科学量表选项的设计原则,即特定的选项概念至少在问卷中由两个或者两个以上的问题来进行表述和测量(Churchill,1979)[1]。因此我们对于在问卷中需要测量的三个变量,即口碑接收者的购买意愿、口碑接收者对于口碑交流网站的态度和口碑接收者对产品的态度都由四条以上的类似问题通过不同的侧面进行提问和测量。在调查中所有变量均采用李科特7分量表,1—7分表示同意程度,"1"表示强烈不同意,"7"表示强烈同意。

表5-1 量表选项来源及选项设计

变量	量表选择	问题选项表述
网络口碑接收者对于产品的态度(Dhar & Wertenbroch, 2000)[2]	李科特7分量表 强烈不同意(1) 强烈同意(7)	1. 我经常购买矿泉水 2. 我对于矿泉水类产品有兴趣 3. 矿泉水是我日常生活中一部分 4. 矿泉水类产品对我有吸引力 5. 矿泉水类产品很必需
网络口碑接收者对于网站的态度(Chen & Wells, 1999)[3]	李科特7分量表 强烈不同意(1) 强烈同意(7)	1. 开心网是一个很好的联络朋友的平台 2. 我以后还会继续使用开心网 3. 我对开心网平台很满意 4. 我很乐意上开心网

---

[1] Churchill G A. A Paradigm for Developing Better Measures of Marketing Constructs [J]. Journal of Marketing Research, 1979, 16(1): 64-73.

[2] Dhar R, Wertenbroch K. Consumer Choice Between Hedonic and Utilitarian Goods [J]. Journal of Marketing Research, 2000, 37(1): 60-71.

[3] Chen Q, Wells W D. Attitude toward the site [J]. Journal of Advertising Research, 1999, 39(5): 27-38.

续 表

变量	量表选择	问题选项表述
网络口碑接收者的购买意图（Zhu & Tan, 2007）①	李科特7分量表 强烈不同意(1) 强烈同意(7)	1. 我会购买此矿泉水 2. 我想了解关于此矿泉水的更多信息 3. 我对于这个矿泉水很感兴趣 4. 我愿意和其他好友分享此推荐信息 5. 我对于此矿泉水不感兴趣 6. 我不愿意推荐此矿泉水给其他好朋友 7. 我不会购买这种矿泉水

(2) 要素设计

要素设计和控制主要包含三个方面，分别为：信息要素设计、关系强度要素设计以及传播方式的设计和控制。

口碑信息表达方式和口碑信息传播方式两个变量均在正式的虚拟交互实验中进行控制。对于信息表达方式变量，依据相关学者的实验设计，我们选择了大众都熟知的矿泉水为推荐产品，并对不同类型的推荐信息（评价型 vs. 事实型）进行了设计。选择矿泉水作为推荐产品的主要原因是矿泉水产品为大家所熟知，从而更方便对口碑传播者的产品经验和口碑接收者产品的涉入程度等协变量进行控制。

我们请了三位中文系研究生为我们进行信息设计。首先我们详细地向他们介绍了本实验的目的和步骤，并分别对其解释了事实型信息和评价型信息的概念。之后首先让两位研究生依据前人的实验设计分别对矿泉水推荐的事实型信息和评价性信息进行设计，然后让其交换阅读、讨论并共同对各自之前的设计进行二次修改，最后让第三位研究生阅读修改后的两段推荐信息并判断其信息类型。由于矿泉水产品很普及，第三位研究生的判断和前两位设计者完全一致，因此没有进行进一步的设计和修改。最

---

① Zhu J, Tan B. Effectiveness of Blog Advertising: Impact of Communicator Expertise, Advertising Intent, and Product Involvement [J]. ICIS 2007 Proceedings, 2007: 121.

终的事实型信息和评价型信息的设计内容如下：

① 事实型推荐信息：

今天喝了法国产的 bleu 牌矿泉水，它形成于远离人群和污染的阿尔贝斯山脉腹地，高山融雪经过长达 15 年的天然过滤和矿化使形成的泉水中富含钙、镁及碳酸盐等人体不可或缺的微量元素；它的瓶子是由可回收的高分子材料制成，埋入土中 12 周可自动降解，因此你可以在拥有健康的同时作为地球的环保者。它有两种口味，一种自然口味（natural），另一种气泡（sparkling）口味，而且不贵，推荐你也试试啊！真的不错（笑脸符号）！

② 评价型推荐信息：

今天喝了一种法国产的有气泡的纯净水，口感奇特，喜欢它冰凉清爽的感觉，更加喜欢它的海蓝色的透明水质，和它的牌子 bleu 很般配。买它最主要是好奇它的瓶子，说是喝完埋在土里会自动降解，我会去尝试埋埋土，要是真的给降解了，冲着这个环保的瓶子我也会经常喝的，给咱们地球做个贡献，哈哈！它有两种口味，一种自然口味（natural），另一种气泡（sparkling）口味，而且不贵，推荐你也试试啊！真的不错（笑脸符号）！

口碑参与者关系强度变量在预调研问卷中进行测量，在预调研前，我们取得每位受试者同意，在他们开心网好友列表上随机选择了 5 位朋友。在预调研阶段，每位受试者被要求对随机选出的这五名好友的关系熟悉程度进行评分。评分标准采用李科特 7 分量表，1—7 分表示关系程度，"1"表示非常不熟悉、"2"表示不熟悉、"3"表示不太熟悉、"4"表示一般般、"5"表示有点熟悉、"6"表示熟悉和"7"表示非常熟悉。最终程序将从这五名好友中随机选出一名好友作为虚拟场景模拟阶段中口碑信息推荐者向受试者传递口碑信息，对于这位好友的关系强度分值将作为统计表中关系强度的依据。在统计中我们将所有 4 分（包括 4 分在内）以下的分值记为 0，表示弱关系；将所有大于 4 分的数值记为 1，表示强关系。

传播方式的控制和设计方面，通过模拟开心网交互情境对信息传播方式变量进行控制,受试者要求登录虚拟开心页面,并且阅读好友的推荐信息。我们通过模拟开心网中不同的信息发表方式(短信邮件方式和改变签名的方式)分别模拟一对一的传播方式和一对多的广播方式。

(3) 变量控制

我们同时还对其他一些可能影响到购买意图的变量进行测量。首先需要指出在自然环境中影响购买意图的变量很多,我们尝试通过实验环境和实验设计来控制一些协变量。例如通过选择广为人知的矿泉水产品,从而方便对口碑传播者经验因素、口碑接收者喜好因素、口碑接收者产品涉入程度等因素进行控制。我们还依据前人设计的量表对口碑接收者的产品态度进行测量,同时依据相关学者对于口碑接收者的网站态度进行测量。变量采用李科特 7 分量表,1—7 分表示同意程度,"1"表示强烈不同意,"7"表示强烈同意。

5.1.4 总结与分析

(1) 问卷效度分析

效度(Validity)反映了测量结果的有效性程度。这个概念反映了一个量表对于它所要测度内容的测量能力。依据测量理论,效度是在测量中与测量目的有关的真实变异与总变异的比例。内容效度(content validity)是对一个量表的每一个问项执行任务优劣程度的一个主观而系统的评价。因此,在设计量表的过程中必须首先确保其内容效度,本研究的量表设计严格遵守了以下步骤:深刻地理解实验目的和需要测量的每个要素概念的含义;每一个测量选项的设计以学者们过往开发的量表中的指标为基础;结合本书的研究对象和本章的实验目的对从学者们过往量表中提取的指标进行修改,并在预实验中考察所有改进的正确性和有效性。

结构效度(construct validity)对于社会行为科学的测量来说是一个相当重要的指标,它可以分解为区分效度(discriminate validity)和收敛效度

(convergent validity),使用结构效度的目的是通过设立的标准来检验测量手段与构造概念的一致性。其中收敛效度指的是同一个变量的测量项目组合在何种程度上正确反映了该变量。变量内部测量项目的检测结果的相关性越强,则收敛效度越高。区分效度则用来表明不同变量建构间的差异性,建构间差异越大则具有越高的区分效度。检验结构效度的常用方法包括:MTMM(multi-trait-multi-method)矩阵法、相关性分析方法、因子分析法(factor analysis method)(吴明隆,2000)[①]。

在上述方法中,因子分析法是最常用的方法。该方法可以较为有效地检验研究设计的合理性和可操作性。同时借助因子分析法可实现数据降维从而对多个题项进行因素归类(马庆国,2002)[②]。

基于因子分析的特点与本研究的实际情况,本书采用了因子分析法检验量表的结构效度。通过将软件抽取的公共因子与研究假设的理论结构进行对照就可以判断出本研究所采用的量表是否具有结构效度。测试结果显示所有因子的载荷均在 0.76 和 0.91 之间(见表 5-2),因此显示了很好的收敛效度和区分效度。

表 5-2 因子分析结果

Factor Category	Component		
	1	2	3
网站态度_1	-.035	-.010	.759
网站态度_2	.039	.030	.881
网站态度_3	.136	.036	.829

---

① 吴明隆. Spss 统计应用实务[M].北京:中国铁道出版社,2000.
② 马庆国. 管理统计:数据获取、统计原理、SPSS 工具与应用研究[M].北京:科学出版社,2002.

续 表

Factor Category	Component		
	1	2	3
网站态度_4	.098	−.065	.877
产品态度_1	.861	.034	.054
产品态度_2	.860	.048	.084
产品态度_3	.842	.115	.082
产品态度_4	.908	.076	.003
产品态度_5	.883	.091	.037
购买意图_1	.091	.882	.032
购买意图_2	.137	.865	.029
购买意图_3	.159	.889	.042
购买意图_4	.069	.829	−.087
Variance Explained(%)	25.874	22.745	19.048
Cumulative Explained(%)	25.874	48.620	67.668

（2）问卷信度分析

信度（reliability）可以通过量表所得的真实分数的方差与观察分数的方差之比来描述。需要注意的是，这里所说的信度针对的是测验分数的特性或测量结果，而不是测试或者测试所用量表本身，所以"测量工具可以信赖"这类说法是不科学的，较高的信度只能说明测验分数是可以信赖的，量表的填写者对反映同一变量的一组题目的回答应当是接近的。目前常用的信度测算方法包括了多次测试和检测、替代方法和内部一致性方法。在MIS领域，大多数学者倾向于使用"内部一致性"方法来进行信度的计算，其具体指标为Cronbach's Alpha系数。使用该指数的优势在于可以定量计算,且方法简单有效。关于衡量标准,一般认为 Cronbach's Alpha 系数大于 0.7 为较高的信度,而当该系数小于 0.35 时,研究者应当拒绝使用该量表。同时需要注意的是,研究的目的与测试结果的用途对于判断标准存在影响:若是对于预编制量表、预测试以及概念先导进行验证,则此时 Cronbach's Alpha 系数达到 0.5—0.6 即可;若该量表用于基础研究,则系数值至少需要达到 0.8;最后,若是用于测量工具的开发,则 Cronbach's Alpha 系数值最好大于 0.9。

本研究依据以上观点,计算量表的信息度系数(见表 5-3),结果显示 3 个变量的 Cronbach's Alpha 值都在 0.86 至 0.92 之间,皆显示了很好的信度。

表 5-3 信度检测结果

Construct	Number of Item	Cronbach's Alpha
网站态度	4	0.861
产品态度	5	0.922
购买意图	4	0.9

(3) 变量控制

我们使用单变量方差分析(ANOVA)来检测定义的协变量在实验过程中是否能被良好地控制。结果显示"网站态度"和"产品态度"对于购买意图的影响都不显著($p>0.05$),也进一步说明他们在实验中被很好地控制,因此不将这两个协变量放入总模型中考虑。

(4) 假设检验

最终通过 ANOVA 全因素模型对 3 个自变量进行测量,所得结果(见表 5-4)显示口碑信息表达方式和口碑参与者关系强度对于口碑传播效应(购买意图)有显著影响。同时口碑信息传播方式和口碑参与者关系强度对口碑传播效应的影响存在显著交互关系。

表 5-4 ANOVA 全因素模型测试结果

Treatment Variable	df	F	P-value
口碑信息表达方式	1	16.34	.000***
口碑参与者关系强度	1	12.39	.001**
口碑信息传播方式	1	1.93	.166
口碑信息传播方式*口碑信息表达方式	1	0.15	.698
口碑信息传播方式*口碑参与者关系强度	1	5.17	.024*
口碑信息表达方式*口碑参与者关系强度	1	1.20	.275
信息类型*关系强度*信息传播方式	1	0.073	.787

注:因变量:购买意图
  * $p<0.05$, ** $p<0.01$

检验结果显示,评价型信息(N=80,Mean=4.40,S.D.=1.24)对于购买意图的影响显著高于(t=3.81,p<0.01)事实型信息(N=89,Mean=3.63,S.D.=1.37)对于购买意图的影响,因此假设 1 成立,此结果也说明了对于口碑接收者来说,关于产品的个人经验和情感分享的评价型信息比关于产品基本属性的事实型口碑信息更加具有说服力;当口碑信息经由强关系朋友(N=85,Mean=4.34,S.D.=1.38)传递时,接收者购买意图显著高于(t=3.33,p<0.01)由弱关系朋友(N=84,Mean=3.66,S.D.=1.26)传递的口碑信息,因此假设 2 也成立,此假设成立的主要原因可以归结为强关系比弱关系更加容易产生规范性社会影响;在一对一的私人交流情况下,强关系朋友(N=42,Mean=4.23,S.D.=1.39)传递的口碑信息比弱关系朋友(N=41,Mean=3.30,S.D.=1.23)传递的口碑信息更易被接受(t=3.88,p<0.01),因此假设 4 也成立。但是,在公共传播方式下,强关系(N=43,Mean=4.25,S.D.=1.39)和弱关系(N=43,Mean=3.99,S.D.=1.20)对口碑接收者购买意图的影响的区别不显著(t=0.914,p=0.36)。进一步细化的 8 个分组描述性统计数据见表 5-5 和表 5-6。

表 5-5　事实型口碑的统计描述性数据

信息传播方式/关系强度	弱关系	强关系
一对一	2.79(1.18)N=21	4.11(1.36)N=22
广播式	3.57(1.34)N=23	4.02(1.26)N=23

表 5-6　评价型口碑的统计描述性数据

信息传播方式/关系强度	弱关系	强关系
一对一	3.85(1.05)N=20	4.76(1.37)N=20
广播式	4.49(0.80)N=20	4.51(1.51)N=20

当我们将口碑传播方式和口碑参与者关系强度对于口碑传播效应的相互影响通过信息表达方式进行分类时,可以得出一个很有趣的结论:在广播式口碑传播的情况下,当信息表达方式从事实型变为评价型,关系强度对于口碑传播效应的影响几乎降为零,即在此类情况下关系强度对口碑传播效应没有影响(见图 5-2 和图 5-3)。此结论的意义在于丰富了"学术界关于'强关系'和'弱关系'哪个对信息交流更加有效"的解释。

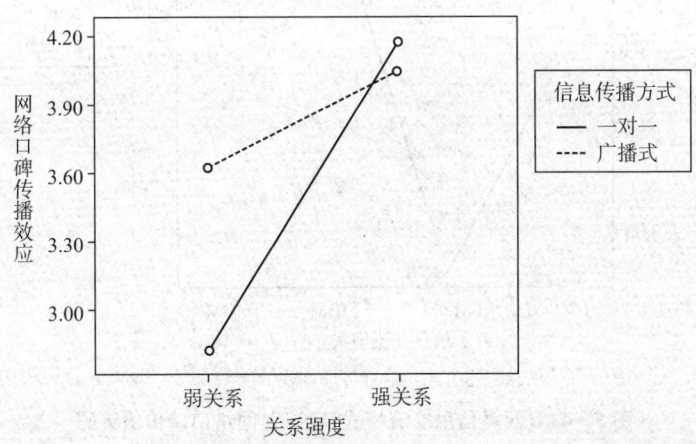

图 5-2　(事实型信息情况下)传播方式和关系强度对于口碑效应的影响

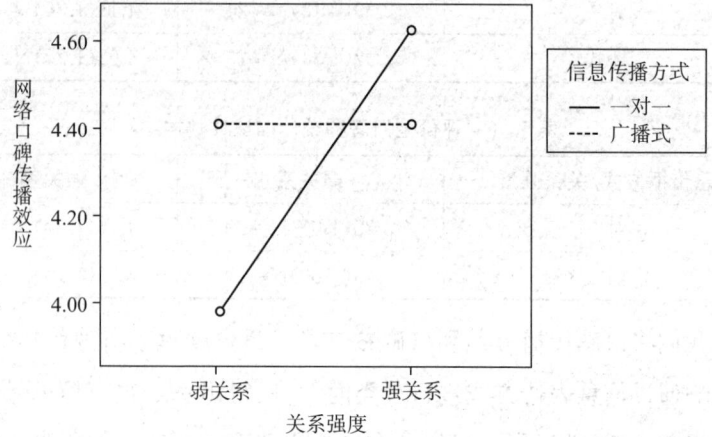

图 5-3 （评价型信息情况下）传播方式和关系强度对于口碑效应的影响

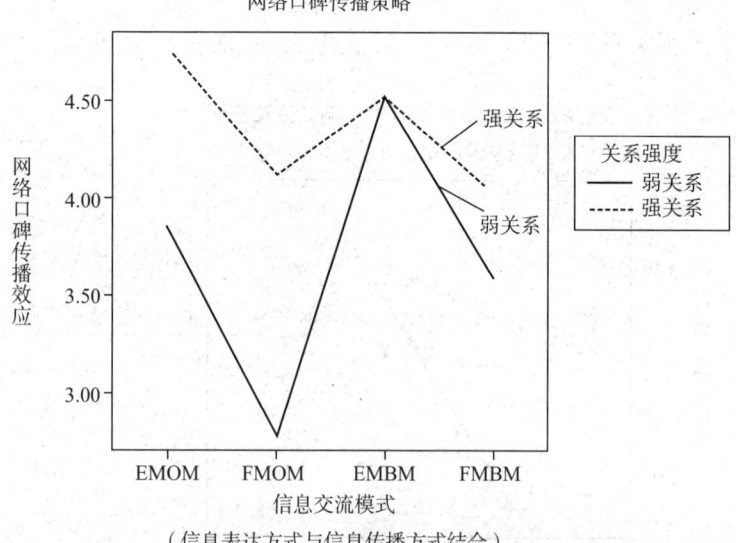

图 5-4 （四类信息交流模式情况下）网络口碑传播策略

当我们把信息表达方式和信息传播方式两个因素结合便产生了四种组合,我们将其定义为四类信息交流模式,具体为:评价型信息一对一交流模式(Evaluative-Message One-to-One Delivery Method,EMOM),事实型信息一对一交流模式(Factual-Message One-to-One Delivery Method,FMOM),评价型信息广播式交流模式(Evaluative-Message Broadcasting Delivery Method,EMBM)和事实型信息广播式交流模式(Factual-Message Broadcasting Delivery Method,FMBM)。图5-4显示了四类口碑交流模式和关系强度对于口碑传播效应的影响图,从图中我们概括出口碑传播的两个策略:

➢ 策略1(广种博收)

对于口碑宣传方来说,在无特定目标客户时,即口碑宣传方与目标客户关系不是很密切时,可采用评价型信息和广播式传播方式相结合的策略。此策略优点是不需要前期锁定客户,意味着宣传方前期不需要投入过多的资金,同时受众范围比较广泛。从图5-4可以发现此策略是在关系强度为弱时的最佳策略,即当传播者和接收者关系不密切时,使用此策略对于网络口碑传播效应的影响力度是最高的。

➢ 策略2(各个击破)

当口碑宣传方已经明确了潜在目标客户并且有一定的潜在客户网络时,可以采用评价型和一对一传播方式相结合的策略。即可以通过使用"好友网络"进行口碑宣传。虽然此策略没有策略1涉及的受众面广泛,同时要求宣传方有一定的好友资源,但是用户对于通过此策略传播口碑的接受度是所有网络口碑信息传播种类中最高的。

本案例基于社会影响理论,从信息传播角度建立了网络口碑传播效应影响要素的理论框架,将口碑研究拓展到适用于web2.0环境的信息交流层面。案例还研究了信息表达方式、信息传播方式和人际关系强度三个因素对网络口碑效应的影响。从信息表达方式看,评价型口碑信息影响力更强;从人际关系和传播方式角度看,在一对一交流的情况下,从强关系源传播的口碑信息影响力更强。而在大众广播的交流情况下,强关系和弱关系对于口碑信息影响力几乎没有差别,此发现不仅从理论上对于强关系优势理论进行了补充(Brown & Reingen,1987)[①],而且在实际中也有助于网络平台提供商设计更完善的用户交互平台,同时可以帮助各商家设计更好的商业宣传和推广策略吸引用户参与。

5.2 基于人际网络结构视角的网络口碑效应实证研究

本章节将以3.2网络口碑传播主要理论基础部分所介绍的社会网络理论为基础,对于4.2.2提出的基于口碑参与者人际网络视角的网络中心度要素(Network Centrality)、小团体数目要素(Numbers of Groups)和网络密度(Network Density)进行实证研究。具体步骤包括依据理论基础提出研究问题并进行研究设计、阐明数据收集、编码和分析方法、绘制整体网络结构图并对各网络指标进行分析,最终对实验结果进行讨论。

5.2.1 研究问题

本章通过开心网好友之间的相互链接情况考察口碑参与者之间的人际网络结构对于口碑传播效应的影响。研究所涉及的几个关键问题包括:

(1) 口碑参与者的人际关系网络的总体结构如何?(人际网络的总体结构和特点;人际网络构成了独立社群还是划分为若干小团体。)

(2) 口碑参与者人际网络的内部联系的程度如何?(口碑参与者之间的人际联系是否紧密;口碑参与者之间的人际联系是否广泛。)

---

① Brown J J, Reingen P H. Social Ties and Word-of-Mouth Referral Behavior [J]. Journal of Consumer Research, 1987, 14: 350-362.

(3) 哪些口碑参与者位于人际网络的中心位置?(在一个局部人际交流群落中是否存在中心点;哪些交流者承担着不同群落之间的"桥梁"作用。)

(4) 口碑参与者人际网络的结构特点与口碑传播效应是否存在相关性?(口碑参与者人际网络中的地位与口碑传播效应之间是否存在相关性;口碑参与者人际网络疏密程度与口碑传播效应之间是否存在相关性。)

5.2.2 实验步骤

本实证通过社会网络分析与网络调查相结合的方式对口碑参与者人际网络结构要素进行验证。

首先在开心网案例中169名实证样本的基础上获取这些网友之间内隐的人际关系,通过数据整理和格式转换将这些关系输入社会网络分析软件UCINET中,获取这169名网友之间的整体网络结构图,并同时对于他们进行点度中心度、小团体数目和网络密度分析;在把握了整体网络结构和网络中心度等各指标后,将对参与者进行"口碑接受意愿"调查;在调查中,我们给出每位参与者在这169名好友中的所有朋友名单,让其选择最愿意接受的产品推荐口碑来源(可以进行多项选择)并对选择朋友的熟悉程度进行评分;最后将对评分结果和网络结构分析结果进行比较和讨论。我们将此问项设计为多项选择是为了在一定程度上平衡"关系强度"要素对于本次实验结果的影响,同时为了严谨起见,我们仍然对关系强度要素进行获取从而可以在实证结束后验证关系强度要素是否被有效地平衡和控制。

需要说明的是,由于此实验是在案例一实证基础上进行同源二次实验,为了减少受试者所产生的混淆效应(confounding effects),在实际实验中我们将两次实验安排在一天内进行。由于两次实验拥有同源样本和几乎并行的实验过程,因此本实验不涉及抽样过程,也不需要再次进行预实验和预调研步骤,同时所有和前期实验类似的量纲设计、控制等细节也不再重复说明。

5.2.3 数据收集与整理

正确的数据储存格式是计算机数据处理的基础,而选择储存格式一方面需要注意数据存取与检索的便利性,另一方面也需考虑数据格式与相关处理软件的兼容性。本书的原始数据用 excel 文件保存,但在使用 UCINET 输入数据时却是将 excel 文件转换为便于元数据(DL)录入的 txt 形式,这样更方便进行后续的软件分析。数据处理的首要任务是对口碑交流参与者进行编码处理,形成口碑交流者编码表(编码示例见表 5-7),这样做的优势是:整个分析过程更加快捷;做出的网络结构图较为美观且可读性较强。

表 5-7 开心网口碑参与者编码表(部分)

编号	口碑参与者开心网 ID	编号	口碑参与者开心网 ID
58	张×妮	143	陆×
59	张×岗	144	陈×娟
60	赵×康	145	季×童
61	朱×	146	韩×燕
62	陈×欣	147	于×
63	蒙×	148	杨×萌
64	周×	149	戴×茸
65	石×	150	倪×

关系矩阵是研究事物之间相互关系时的常用方法之一,在矩阵中如果两元素之间存在关系就用"1"表示,而如果两元素之间没有关系则用"0"表示。在一般情况下,出于关系的"互惠性"(reciprocal)矩阵一般也是对称

的。口碑参与者人际网作为常见的关系网络,其参与者之间的人际关系也可以用关系矩阵来表示。

对于参与人数较多、关系较为复杂的关系矩阵的构建,由于数据量庞大,人工处理显得不经济,所以需要借助计算机来进行。在本研究中,我们将收集到的口碑交流参与者的相关数据录入计算机,借助计算机生成关系矩阵以及网络结构图,之后可以综合考虑此结构图和社会网络分析的结论,从而进一步把握整个口碑交流网络的结构特点。需要说明的是,虽然在搜集和保存数据时作者采用了 excel 表格,但是在将数据输入 UCINET 时,作者并没有采用 excel,也没有通过 UCINET 的 Spreadsheet 直接输入,而是采用了原数据 DL 的输入格式。因为数据搜集和保存的时候是按照链接的"关系对"的条目形式保存的,通过元数据的形式可以直接输入"关系对",既简便高效同时也大大降低了人工矩阵输入时的错误率。

5.2.4 总结与分析

根据以上步骤进行了数据搜集和整理之后,再将节点和关系数据转换成 txt 文件输入 UCINET 软件中从而得到关系矩阵,将此网络矩阵导入 PAJEK 并绘制出口碑交流网络整体结构初始图(图 5-5),由于节点和关系过多,并不能看出总体结构,经过 PAJEK 的 Draw 菜单下的 Free 功能进行自由旋转后再经过稍许调整后得出口碑参与者人际网络整体结构图(图 5-6)。

在上述的结构图中,我们将 169 名口碑交流者用 1—169 号表示,交流者之间的关系用联结表示,通过结构图的方法可以清晰明确而形象地描绘口碑参与者的人际关系网络,直观地显示口碑参与者网络中的人际关系的亲疏,可以看出该总体结构呈现出明显的核心—边缘聚簇形态。

(1)中心度分析

中心度分析的主要目的是通过对网络中各节点的逐个分析,定位出该

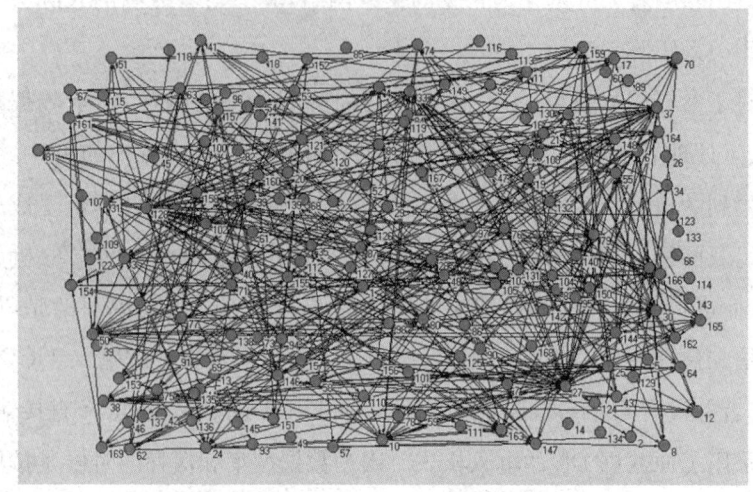

图 5-5 口碑参与者人际网络整体结构初始图

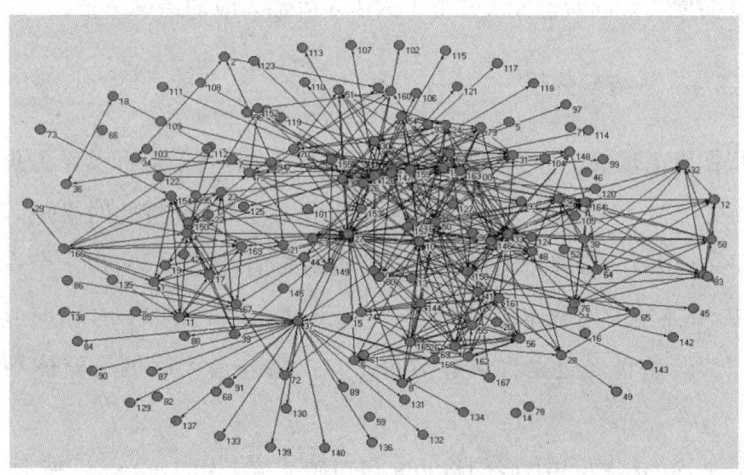

图 5-6 调整后的口碑参与者人际网络整体结构图

网络中具有重要作用或处于重要位置的核心节点/元素,在此我们选择点度中心度和中间中心度进行分析。

前面已经阐述过,个体的点度中心度是根据网络中节点与其他节点之间的直接联系来计算的,测量的是个体处于网络中心的程度,是最简单、最具有直观性的指数。因此对口碑交流网络进行点度中心度分析的目的是分析各个口碑传播参与者在网络中的中心性,了解他们在相互交流和联系的人际网络中所处的地位。

通过菜单路径 Network-Centrality-Degree 在 UCINET 软件中对口碑参与者人际网络中的节点进行点度中心度分析,得出如下表5-8的结果。

表5-8 点度中心度计算显示结果(部分)

	1 Degree	2 NrmDegree	3 Share
27	41.000	12.202	0.048
128	39.000	11.607	0.046
33	27.000	8.036	0.032
37	26.000	7.738	0.031
10	24.000	7.143	0.028
50	21.000	6.250	0.025
159	14.000	4.167	0.017
146	14.000	4.167	0.017
158	14.000	4.167	0.017
48	14.000	4.167	0.017
163	14.000	4.167	0.017
4	13.000	3.869	0.015
3	13.000	3.869	0.015
....			
62	10.000	2.976	0.012
81	9.000	2.679	0.011
43	9.000	2.679	0.011
67	8.000	2.381	0.009
70	8.000	2.381	0.009
153	7.000	2.083	0.008
8	6.000	1.786	0.007
160	5.000	1.488	0.006
39	4.000	1.190	0.005
47	3.000	0.893	0.004
117	1.000	0.298	0.001
107	1.000	0.298	0.001
15	0.000	0.000	0.000

该结果输出界面包含两个主要部分。上半部分(表5-8)按照由高到低的顺序给出了各个节点的绝对点度中心性(Degree)和相对点度中心性(NrmDegree)。下半部分(表5-9)给出了绝对点度中心性和相对点度中心性一些统计指标的描述,如平均值、标准差、和、方差、最小值、最大值、网络点度中心势等。

表5-9 点度中心度分析统计指标

	Degree	NrmDegree	Share
Mean	5.006	1.490	0.006
StdDev	6.501	1.935	0.008
Sum	846.000	251.786	1.000
Variance	42.266	3.744	0.000
Network Centralization		10.84%	

从结果中我们可以看出,点度中心度最高的五位口碑参与者号数为27、128、33、37和10,他们的绝对点度中心度分别为41、39、27、26和24。这些数据说明在人际交流过程中,这些节点与其他节点的关系相对紧密。表5-9列出了点度中心性分析的统计指标,指出整个网络的点度中心势为10.84%,由于点度中心势是通过网络中各个点的差异性程度来刻画整个网络的特性,可以看出总体网络不具备显著的中心性。由于点度中心度指标仅仅考虑的是一个节点与其他节点之间的直接联系,而忽视了此节点与整体网络中所有节点(包括与被考察节点没有关系的节点)的联系。也就是说,一个口碑传播者与网络中其他很多参与者(在此称为2层好友)都有直接联系,但是这些2层好友之间却关系疏远的话,即使这个口碑传播者有很高的点度中心度,从整个网络的角度看,此传播者的高点度中心性的意义也就不是很大了。

中间中心度的分析思想是,如果一个行动者处于许多其他行动者之间的路径上,则认为该行动者居于重要地位,因为他具有控制其他两个行动者之间的交往的能力。这里的"控制能力"是指当把某个节点去除后,其他节点到达剩余节点的最短路径将变长。在某些特定结构的网络中,去除这类节点将会造成部分节点与网络断开的现象。显然,上述两种问题越严重(如最短路增加越多或与主网断开的节点越多等),则该节点对于其他节点的控制能力就越强。因此,它反映节点对其他节点间沟通的控制能力。

通过菜单路径 Network-Centrality-Betweenness-Nodes 在 UCINET 软件中对口碑参与者人际网络中的节点进行中间中心度的分析,得出如下结果(表 5-10 和表 5-11)。

表 5-10 中间中心度计算显示结果(部分)

	Betweenness	nBetweenness
27	1079.062	3.846
128	420.000	1.497
41	320.000	1.141
33	318.265	1.134
37	260.000	0.927
38	108.013	0.385
4	101.333	0.361
154	63.997	0.228
50	53.848	0.192
166	47.856	0.171
10	39.239	0.140
......	......	......
54	10.036	0.036
67	9.533	0.034
28	8.583	0.031
24	8.133	0.029
30	7.702	0.027
76	6.642	0.024
157	6.443	0.023
144	6.283	0.022
80	5.601	0.020
56	4.149	0.015
147	3.668	0.013
55	3.141	0.011
79	0.493	0.002

表 5-11 中间中心性分析统计指标

	Betweenness	nBetweenness
Mean	18.911	0.067
StdDev	96.998	0.346
Sum	3196.000	11.392
Variance	9408.694	0.120

该结果主要包含两个部分。上半部分(表 5-10)依次给出了各个口碑传播参与节点的绝对中间中心度(Betweenness)和相对中间中心度(nBetweenness)。下半部分(表 5-11)给出了绝对中间中心性和相对中间中心性的一些统计指标,这些指标与点度中心度中指标含义相同,在此不再解释。

从结果中我们可以看出,中间中心度最高的五位口碑参与者号数为 27、128、41、33 和 37,这些数据说明这几个口碑参与者在人际交流网络中处于比较重要的连接性位置,掌握了比较多的不同类型的资源,同时对其他交流者的相互沟通起到促进作用,也就是说其他交流者的沟通对于这几个节点的依赖性比较大。同时可以看出 27、128、33 和 37 号元素的点度中心度和中间中心度指标都列于较前的位置,可以说这些元素在口碑人际交流网络中是绝对的核心元素,因此可以说点度中心度和中间中心度这两个指标之间有一定的相关性。虽然不能说这种相关完全必然,但是可以看出活跃的点的某些特性,如热情、善于交往、乐于助人使这些点的中心性的各个测量指标(点度中心度和中间中心度)之间存在一定的相通性。

(2) 小团体分析

口碑人际网络中是否存在独立小团体,各个小团体的网络结构如何分布等问题都会使我们对现存的网络结构有更加深入的了解,从而进一步提高网络沟通效率和稳定性。本节中我们将对整个网络进行成分分析和派系分解,并通过小团体分解图清晰地定位口碑网络中存在的小团体。

成分分析的目的是找出网络中的小团体(components)。对于无向网络来说,成分分析找出所有的成分;对于有向网络来说,成分分析找出其中的强关联成分和弱关联成分。所谓强关联就是在有向网络中,成分的成员之间有双向的连线,如果只有一个方向的连线,则称之为弱关联。

通过菜单路径 Network-Regions-Components-Simple graph 在 UCINET 软件中对口碑人际网络进行成分分析,在条件种类中选择 WEAK 得出如下结果(表5-12和图5-7)。

表5-12 成分分析显示结果

```
COMPONENTS
--------------------------------------------------
Kind of Components: WEAK
6 components found with 3 or more members.

Component Sizes
    Component      Nodes       Proportion
    ---------      -----       ----------
        1           46           0.272
        2            6           0.036
        3           67           0.396
        4            3           0.018
        5           15           0.089
        6            8           0.047

Components with 3 or more members:
    1:   1 3 4 6 8 10 11 12 17 23 24 25 27 29 30 31 32 33 38 39 43 47 50 51 54 55 56
 58 64 67 70 72 73 74 76 79 144 154 156 159 161 162 163 165 166 169
    2:   2 19 21 34 35 57
    3:   5 37 40 41 44 45 49 83 84 85 86 87 88 89 90 91 92 93 94 95 96 97 98 99 100
 101 102 103 104 105 106 107 108 109 110 111 112 113 114 115 116 117 118 119
 120 121 122 123 124 125 128 129 130 131 132 133 134 135 136 137 138 139 140
 142 143 167 168
    4:   7 18 36
    5:   9 28 48 62 63 65 77 80 81 146 147 148 157 158 164
    6:   75 149 150 151 152 153 155 160
```

基于以上成分划分结果，将图 5-6 再次根据各个小团体进行调整，得到小团体构成图如下：

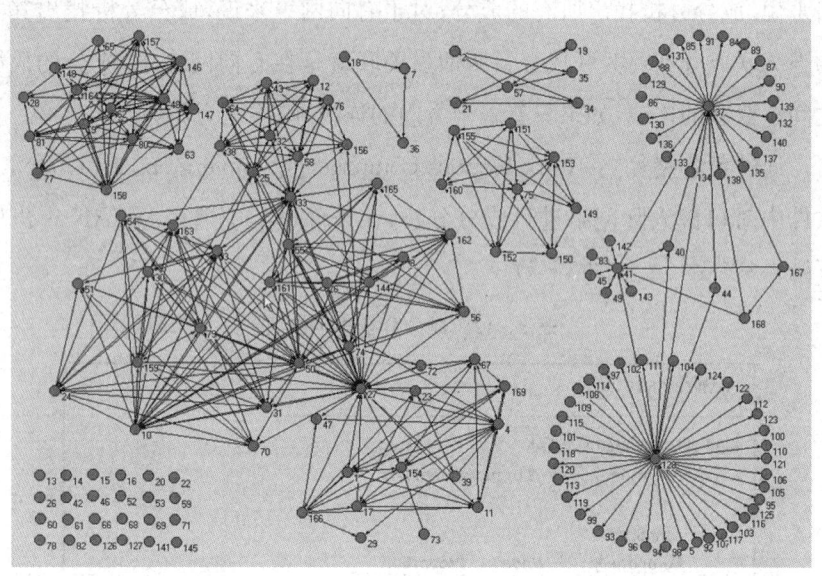

图 5-7　小团体划分与组成

在上述结果中，可以清楚地看出 UCINET 将 169 个节点分成 6 个成分，最小的成分（component4）只包含了 3 个节点 7、18 和 36。而最大的成分（component3）却包含了 67 个节点。通过小团体构成图（图 5-7）可以清楚地看出除去 24 个独立节点（在图中左下角进行显示），整个口碑网络分为了 6 个成分（小团体）：成分 1（componet1）包含 46 个节点，在图中的正中位置，呈现多边不规则钻石形；成分 2（component2）包含了 6 个节点，在图中的中上部，呈现王冠型；成分 3（component3）包含了 76 个节点，位于图中的右侧，呈现散射菊花形状；成分 4（componet4）比较特殊，他是图中最小的（仅包含 3 个节点）成分，呈现三角形；成分 5（component5）和成分 6（compontent6）分别包含了 15 个和 8 个节点，并分别位于图中的左上部和中间偏右侧，他们形状类似，都为类六边形钻石状，但是密度上有明显的差异。

5 网络口碑传播效应实证研究

由于成分分析属于限制性较弱的分析,即只有分派显著的团体才能被鉴别出来,因此网络节点较多的独立小团体(成分 2 和成分 1)中节点之间的隐性团体构成就很难划分出来,因此接下来将对于关系最为复杂的成分 1(componet1)中的节点进行更为深入的派系分析。

通过菜单路径 Network-Subgroups-cliques 在 UCINET 软件中对本书口碑人际网络成分 1 所构成的小团体进行派系分析,得出如下结果(表 5-13、表 5-14、表 5-15)。

表 5-13 派系分析显示结果(1)

```
CLIQUES
------------------------------------------------
Minimum Set Size:   3         25 cliques found :
  1:   3 10 24 27 30 31 33 50 54 159 163
  2:   3 10 27 30 31 33 50 54 79 159 163
  3:   10 25 27 33 50 159
  4:   10 27 33 50 55 56 144 161 162 165
  5:   10 27 33 50 55 74 144 161 162 165
  6:   3 10 24 27 50 51 159 163
  7:   10 24 27 50 51 70 159 163
  8:   10 24 27 30 50 70 159 163
  9:   6 8 10 27 55 56 144
 10:   6 10 27 55 56 144 161 162
 11:   1 4 11 27 67 154 166 169
 12:   4 11 17 27 154 166
 13:   4 17 23 27 166
 14:   4 27 47 166
 15:   4 17 23 27 39
 16:   3 4 27
 17:   25 27 33 38 64 76
 18:   27 33 38 64 76 156
 19:   27 33 38 163
 20:   27 67 72
 21:   27 72 74
 22:   12 25 32 33 38 43 58 64
 23:   4 29 166
 24:   25 33 38 43 58 64 76
 25:   33 38 43 58 64 76 156
```

表 5-14 派系分析显示结果(2)

```
Clique-by-Clique Actor Co-membership matrix

     1  2  3  4  5  6  7  8  9 10 11 12 13 14 15 16 17 18 19 20 21 22 23 24 25
 1  11 10  5  4  4  7  6  7  2  2  1  1  1  1  1  2  2  2  3  1  1  1  0  1  1
 2  10 11  5  4  6  4  5  6  2  2  1  1  1  1  1  2  2  2  3  1  1  0  1  1  1
 3   5  5  6  4  4  4  5  4  2  2  1  1  1  1  1  1  3  2  2  1  1  2  0  2  1
 4   4  4  4 10  9  3  3  3  5  7  1  1  1  1  1  1  2  2  2  1  2  1  1  0  1
 5   4  4  4  9 10  3  3  3  4  6  1  1  1  1  1  1  1  2  2  1  1  2  1  0  1
 6   7  6  4  3  3  8  7  6  2  2  1  1  1  1  1  2  1  1  2  1  2  1  0  0  0
 7   6  5  5  3  3  7  8  7  2  2  1  1  1  1  1  1  1  1  2  1  1  1  0  0  0
 8   7  6  4  3  3  6  7  8  2  2  1  1  1  1  1  1  1  1  2  1  1  0  0  0  0
 9   2  2  2  5  4  2  2  2  7  6  1  1  1  1  1  1  1  1  1  1  1  0  0  0  0
10   2  2  2  7  6  2  2  2  6  8  1  1  1  1  1  1  1  1  1  1  0  0  0  0  0
11   1  1  1  1  1  1  1  1  1  1  8  5  3  2  2  1  1  1  2  1  0  2  0  0  0
12   1  1  1  1  1  1  1  1  1  1  5  6  4  3  3  2  1  1  1  1  0  2  0  0  0
13   1  1  1  1  1  1  1  1  1  1  3  4  5  4  3  2  1  1  1  1  0  2  0  0  0
14   1  1  1  1  1  1  1  1  1  1  2  3  3  4  2  2  1  1  1  1  0  2  0  0  0
15   1  1  1  1  1  1  1  1  1  1  2  3  3  3  4  2  1  1  1  1  0  1  0  0  0
16   2  2  1  1  1  2  1  1  1  1  1  2  2  2  2  4  1  1  1  1  0  0  0  0  0
17   2  2  3  2  1  1  1  1  1  1  1  1  1  1  1  1  6  5  3  1  1  0  4  0  5
18   2  2  2  2  2  1  1  1  1  1  1  1  1  1  1  1  5  6  3  1  1  3  0  4  5
19   3  3  2  2  2  2  2  2  1  1  2  1  1  1  1  1  3  3  4  1  1  2  0  2  2
20   1  1  1  1  1  1  1  1  1  1  1  1  1  1  1  1  1  1  1  3  2  0  0  0  0
21   1  1  1  1  2  1  1  1  1  1  1  1  1  1  1  1  1  1  1  2  3  0  0  0  0
22   1  1  2  1  1  1  0  0  0  0  2  2  2  2  1  0  0  3  2  0  0  8  0  6  5
23   0  0  0  1  1  0  0  0  0  0  0  0  0  0  0  0  2  0  0  0  0  0  2  0  0
24   1  1  2  1  1  0  0  0  0  0  0  0  0  0  0  0  5  4  2  0  0  6  0  7  6
25   1  1  1  1  1  0  0  0  0  0  0  0  0  0  0  0  4  5  2  0  0  5  0  6  7
```

表 5-15 派系分析显示结果(3)

```
HIERARCHICAL CLUSTERING OF OVERLAP MATRIX

              2 2 1 1 1 1 1 2                     1 1 1 2 2 2
       Level  0 1 1 2 4 3 5 6 3 3 6 7 1 2 8 9 4 5 0 9 7 8 2 4 5
       ------
      10.000  . . . . . . . . . . . X X X . . . . . . . . . . .
       9.000  . . . . . . . . . . . X X X . . X X X . . . . . .
       7.000  . . . . . . . . . . X X X X X . X X X . . . . . .
       6.500  . . . . . . . . . . X X X X X . X X X X X . . . .
       6.167  . . . . . . . . . X X X X X X X X X X X . . . . .
       6.000  . . . . . . . . . X X X X X X X X X X X . X X X .
       5.500  . . . . . . . . . X X X X X X X X X X X . X X X X X
       5.000  . . . X X X . . . X X X X X X X X X X X . X X X X X
       4.400  . . . X X X . . . X X X X X X X X X X X . X X X X X
       4.167  . . . X X X . X X X X X X X X X X X X X . X X X X X
       4.000  . . . X X X X X X X X X X X X X X X X X . X X X X X
       3.000  . . . X X X X X X X X X X X X X X X X X . X X X X X
       2.833  . . X X X X X X X X X X X X X X X X X X . X X X X X
       2.750  . . X X X X X X X X X X X X X X X X X X . X X X X X
       2.400  . . X X X X X X X X X X X X X X X X X X . X X X X X
       2.000  . X X X X X X X X X X X X X X X X X X X . X X X X X
       1.667  . X X X X X X X X X X X X X X X X X X X . X X X X X
       1.133  . X X X X X X X X X X X X X X X X X X X . X X X X X
       0.929  . X X X X X X X X X X X X X X X X X X X X X X X X X
       0.750  X X X X X X X X X X X X X X X X X X X X X X X X X X
```

从上表 5-13 的显示结果我们可以看出,在成分分析中被划分到同一小团体(成分 1)中的成员经过派系分析后又进一步被划分为 25 个小派系,其中派系 16、20、21 和 23 四个派系仅包含 3 个成员,而一个派系最多的成员数量也只有11。我们可以通过此结果很明显地看出,和成分分析相比,派系的划分要严格很多。

表5-14给出了各个派系拥有共同成员的数量,此表被称为派系共有行动者矩阵(Clique-by-Clique Actor Co-Membership Matrix),如果两个派系拥有共同成员的数量越多他们就越具有相似性和共通性。如上表结果显示,派系1和派系23没有共享成员,派系1和派系24有1个共同成员,而派系1和派系2共同的成员数量达到10个,因此派系1和派系2有更大的共通性和相似性。同时我们可以看出,派系1和派系2分别都只有11个成员,而其中相同的成员就有10个,那么说明其中绝大部分成员是具有同质性的稳定小团体,而归属于派系1的24号成员却不属于这个稳定的小团体中,我们再由24号出发定位其所归属的其他团体,可以看出除了派系1之外,24号还归属于派系6、7和8。因此我们可以得出,24号成员虽然在派系1中,但是和其他成员的相似度都不是很高,然而正是由于它的这一特性使其肩负着将派系1和另外其他3个派系联系起来的"中间人"的作用,也就是通常所说的"桥"节点。

表5-15给出了派系层次聚集叠层矩阵(Hierarchical clustering of overlap matrix),这是对派系共同行动者矩阵进行聚类分析的结果。从结果中可以看出,当相似等级为10时,只有1、2两个派系出现在类表中,当相似等级降低至0.75时所有派系都出现在列表中,由此可以看出成分1中各个节点联系相对紧密。

总的来说,派系分析也存在一些缺陷。首先,派系的概念过于严格,即一个派系中的点必须都邻接,这会限制派系在很多情况下的应用。其次,如果网络的规模很大,在网络中就可能存在大量相互重叠的派系,这时派系的概念也没有多少意义了。比如在本次分析中就出现了25个派系,有些派系仅仅包含3个元素,而其中很多派系不同的元素仅为一个,如派系1和派系2、派系4和派系5、派系7和派系8等仅仅只相差一个元素。虽然这样严格的定义使派系划分比较精确,同时可以通过精确的划分分析出隐藏得很深的"中介人"和"桥节点",但是这种近乎"过度"的严格会使很多冗余的派系出现(例如在主成分分析中被划分为一个小团体的数据在派系分析中被划分为了 25 个),从而大大增加了操作上的难度,失去精确的意义。因此下面对小团体进行密度分析时,将使用主成分分析的小团体划分结果而非派系分析的结果。

(3) 密度分析

密度是网络中实际存在的关系数目与可能存在的最多关系数目之比。如果一个网络的密度为 1,则意味着该网络中的每个点都和其他点相连,反之,若该网络的密度为 0,则意味着该网络中任何点都不相连。一个网络的秘度可以分为总体网络密度和局部团体的密度。

通过菜单路径 Network-Cohesion-Density 在 UCINET 软件中对口碑人际网络总体密度和局部密度进行测量,得出如下结果(表 5 - 16)。

表 5 - 16 网络密度分析显示结果

小团体分类	密度	小团体分类	密度
成分 1	0.0138	成分 4	0.0003
成分 2	0.0005	成分 5	0.0040
成分 3	0.0030	成分 6	0.0017
网络口碑总体密度			0.0231

和密度相同,中心势也是表现一个网络整体结构的指标,同时也有网络整体中心势和局部中心势两种。但不同的是中心势是网络所有节点中心度的总体表现,具体的计算方法见 4.2.2 小节。

通过菜单路径 Network-Centrality-Degree 在 UCINET 软件中进行分析操作,可以在 Network Centralization 一栏中得到中心势的值,我们将所有计算出的值归纳入表 5 - 17。

表 5-17 网络中心势分析显示结果

小团体分类	中心势	小团体分类	中心势
成份 1	11.48%	成分 4	2.77%
成分 2	8.67%	成分 5	8.16%
成分 3	11.55%	成分 6	4.27%
网络口碑总体中心势			10.84%

由于密度和中心势都是一个相对指标,因此只有在同一网络级别的网络结构时才可以进行密度和中心势的比较。在各小团体中进行密度和中心势比较可以明显看出小团体1的成员数目、密度和中心势都是相对较高的,这说明其间的人际沟通网络相对紧密;小团体3拥有的成员数是最多的,它的中心势也是最高的,但是由于有明显的核心成员把控总体交流而非平等交流,所以并没有构成所谓的包聚型(如常见的"钻石形"和"王冠形"等)的"网状"结构而是菊花状散射型结构。这类非典型的散射结构,即某个节点与别的节点差距过大造成了其网络中间中心势非常高的现状,表示该网络中的节点过于依赖某一个节点进行信息传递,该节点在网络中处于非常重要的地位。因此我们可以得出较高的中间中心势并不意味着优势的结论,因为网络中大部分的信息都为某一个人所垄断,并不利于组织中信息的传播和共享。

根据凝聚子群的密度计算公式(4-9)可以看出凝聚子群密度指数为凝聚子群的密度与整体网络密度的比值,进行凝聚子群密度指数分析的目的是研究整体网络中存在的分派情况是否严重,测量派系林立的程度,此指数也可以应用于企业危机管理。

通过菜单路径 Network-Cohesion-E-I index 在 UCINET 软件中对口碑交流网络进行凝聚子群密度分析,以期全面了解和把握网络内部的小团体交互关系的疏密情况,分析结果见表 5-18。

表 5-18　凝聚子群 EI 值

```
E-I INDEX for COMPONENT 1
--------------------------------------------------------
# of Permutations:        5000
Random seed:              9939
Individual E-I scores:    IndE-I
840 ties.

Whole Network Results

                1         2        3           4
              Freq       Pct    Possible    Density
              ------    -----   --------    -------
1 Internal    734.000   0.874   26124.000   0.028
2 External    106.000   0.126    2268.000   0.047
3    E-I     -628.000  -0.748  -23856.000  -0.840

Max possible external ties: 2268.000
Max possible internal ties: 26124.000

Expected value for E-I index is: -0.840

Max possible E-I given density & group sizes: 1.000
Min possible E-I given density & group sizes: -1.000
```

从上表结果看出，本书口碑交流网络的凝聚子群密度是非常显著的，达到了-0.840。根据前文已经阐述过的定义，EI 指数的取值范围在-1（左极限）与+1（右极限）之间。该值越靠近左极限，说明位于群体之外的关系越密集，意味着"派系林立"情形越显著；该值越靠近右极限，说明"派系林立"的程度越低；该值越接近于 0，表明子群间的关系越趋向于随机分布，"派系林立"的情形较难识别。本书口碑交流网络的凝聚子群密度非常接近-1，表明了"派系林立"的程度相对较小，子群体之间的关系（即群际关系）比较少，这意味着活跃的信息分享和交流较多地存在于小团体内部，而处于团体外部的成员则很少有与团体内部成员交流和沟通的机会。从图 5-7 也可以明显看出凝聚子群结构上的这个特点。此 EI 指数结果也从另一个角度印证了上文个体属性分析部分中的中间中心度的分析结果。

(4) 总体验证

在以上网络结构分析的基础上我们对网络调查实验的结果进行分析,需要说明的是,我们在进行中心度分析时发现169名参与者中有24个孤立点,即中心度为0的点,同时发现有60个中心度为1的节点,并且这60个节点中有59个都属于小团体3,从结构图中也可以看出整体结构中较少的散射状结构的三个中心源(127和37和41)都属于小团体3,从而此团体中包含了大量的单联系孤立节点。由于本实验的目的就是通过参与者对自身好友不限制人数的选择次数的总量来计算口碑效应,即通过受试者在其好友列表中选择不限人数的好友作为最愿意接受推荐的口碑源,最后我们将对所有被选出的口碑源的"被选择次数"进行计算,并用这个数值作为口碑推荐接受意愿的间接替代指标和上文中统计出的中心度和接受度进行比较分析。由于在这169名参与者所组成的网络中,中心度为0和1的参与者只有0个和1个对应好友,因此在最后实验的参与者不考虑所有中心度为0和所有小团体3中的节点,从而排除了好友的可选择性过小对实验结果的影响。同时我们还计算了所有参与者与被选择好友之间的关系强度并得出所有参与者之间的关系强度分值均在5—7之间,即说明受试者间关系良好,从而证明了实验对于关系强度有很好的控制。

最终在78名参与者的不限制数量的选择下得出了55名口碑接受对象,最终调查结果和网络结构各指标的对应示例表如下表5-19。

表5-19 口碑接受意愿—网络中心度—网络密度对照表(前10条)

用户编号 (User ID)	口碑接受度 (被选次数)	网络中心度 (Centrality)	网络密度 (Density)	小团体编号 (Group ID)
27	30	41	0.0138	1
33	18	27	0.0138	1
50	14	21	0.0138	1

续 表

用户编号 （User ID）	口碑接受度 （被选次数）	网络中心度 （Centrality）	网络密度 （Density）	小团体编号 （Group ID）
10	12	24	0.0138	1
146	11	14	0.0040	5
24	10	12	0.0138	1
48	9	14	0.0040	5
4	8	13	0.0138	1
159	8	14	0.0138	1
158	8	14	0.0040	5

从上表可以看出网络中心度最高的前 5 位参与者分别为 27 号、33 号、50 号、10 号和 146 号，同时，他们也都是口碑接收度最高的前五位参与者。可以明显看出网络中心度越高的好友越容易被参与者选到，即高中心度的口碑传播者的口碑效应较强，此现象在小团体中也有明显的体现，我们基于小团体密度高低（每个小团体中选择接受度最高的前 3 位的好友），对以上结果进行整理和排序，结果如下表 5-20。

表 5-20　网络密度—口碑接受意愿—网络中心度对照表

网络密度 （Density）	用户编号 （User ID）	口碑接受度 （被选次数）	网络中心度 （Centrality）
0.0138 （小团体 1）	27	30	41
	33	18	27
	50	14	21
0.0040 （小团体 5）	146	11	14
	48	9	14
	158	8	14

续　表

网络密度（Density）	用户编号（User ID）	口碑接受度（被选次数）	网络中心度（Centrality）
0.0017（小团体6）	155	5	7
	152	3	6
	75	1	7
0.0005（小团体2）	2	2	3
	21	2	3
	19	1	2
0.0003（小团体4）	36	2	2
	7	1	2
	18	1	2

由上表可以明显地看出两个趋势,即在小团体中网络中心度高的好友其口碑接受度相应也较高;同时密度高的小团体中的好友的口碑接受度也较高,此点也很有可能是受到小团体中成员数目的影响。还需要提到在小团体之间起到"中介"作用的"桥梁"节点,例如我们在前文小团体分析中专门研究到的24号节点,它的中心度为12(口碑接受度为10),较其他四位中心度也为12的节点25、30、54和55(他们的口碑接受度分别为7、5、1和1)都高。很明显其"桥"节点的身份不仅使其发出口碑的受众大大增多,同时由于其在不同的团体中都扮演着"中介"而非团队中"归属性"和"同质性"很高的成员的角色,"桥"节点与其他成员的"异质性"会使其发送的口碑对于团体具有新鲜感而容易被大众接受。此外能扮演"桥"节点的人通常具有活跃开朗、喜于交友和乐于助人的性格,这样才能使其"游走"于不同的团体中,而此性格对于其口碑效应力度也是会有影响的。

最后需要说明的是关系强度的影响,虽然在此实验中通过"多项选择"的问题设计方式基本平衡了关系强度的影响,但是我们仍然可以从关系强度的给分域值中(5—7分)中看出,人们还是普遍愿意选择和自己较为熟悉、关系和睦的朋友的推荐信息。但是在现实生活中,关系强度要素是很难获得的,与此相比,网络结构的一些要素却更具有可获得性和易于分析性,同时通过本章的实证也说明了网络结构相关要素对口碑效应在实际应用中的影响具有一定的解释力。

6 网络口碑反馈机制相关研究

6.1 网络口碑反馈机制的内涵

反馈这个词在很多学科中被使用,在大众传播研究中,"反馈"被定义为信息接收者对于信息传播者所传信息的反应。在传播学和系统理论中,很多"反馈机制"和"反馈过程"在传播模式中被学者们广泛研究。申农-韦弗的数学传播模式比德弗勒的控制论传播模式更加深入和精准的原因就是加入了"反馈机制";施拉姆的控制论模式诠释信息在编码者和译码者之间的双向流动也体现了反馈的特点;《20世纪传播学经典文本》一书中指出"绝大多数传播模型有一个共同的缺陷,即忽略了反馈和社会过程对传播过程的制约"(张国良,2002)[①]也强调了反馈对于传播过程的重要性。虽然所有传播的模式是一定的,但是由上面的例子可以看出反馈存在于各种信息传播模式中。

反馈之所以受到很多研究者的重视,是因为在整个信息传递的过程中,只有看到了信息接收者的反馈,信息传递者才能知道传播内容对于受众是否产生了影响以及产生影响的大小。同时反馈机制在当前的网络环

---

① 张国良. 20 世纪传播学经典文本 [M]. 上海:复旦大学出版社,2002.

境中也有着重要的作用,由于网络是一个无边界、去中心化和高度开放的环境,在这样的环境中,不仅企业在向消费者传播品牌和产品知识,消费者同时也在向其他消费者和企业反馈着自己对于特定产品的体验和态度。从企业的角度来看,这些反馈则是重要的品牌评估信息。而从消费者的角度来看,这些对于特定产品和服务的反馈可以作为自己对于某个产品购买决策的依据。是否拥有高效的反馈机制,直接关系到企业是否能够清楚地知道客户的需求何在、自身的优劣势何在以及竞争对手的动向如何,进而关系企业的生存和发展。

与传统的反馈机制相比,网络口碑的反馈机制借由互联网的触角将作用范围不断扩大。现阶段的网络口碑反馈机制对企业、消费者及市场都产生着不容忽视的影响和反馈效果,正确掌握网络反馈机制作用于企业、消费者及市场的特点和价值,成为网络口碑研究中不可缺少的一环。

6.2 网络口碑反馈机制的作用

6.2.1 网络口碑反馈机制对企业的影响

网络口碑反馈机制可以帮助企业更加全面和深入地了解自己的产品在消费者心目中的定位和品牌形象,使企业客观地审视自身品牌的不足之处,也可以帮助企业发掘同行关系和不正当竞争者,从而尽早对营销战略、产品设计、产品服务等做出应对和调整。另一方面,网络口碑反馈机制还能够作为补充广告的低成本、潜在的宣传渠道,成为获得和留住目标客户的有效途径。与此同时,还可用以调控负面的反馈信息,抑制企业负面影响的迅速传播,降低损害企业品牌资产的隐患。

(1) 企业品牌评估

品牌不仅仅是一个产品的名称或者商标,通俗地说,品牌体现了消费者心目中的企业形象,包括企业产品或服务的个性特点、消费者对于产品的满意度和认同感等。也就是说品牌象征了企业的信誉,是企业重要的无形资产,因此在商业界,有各类模型和方法对企业品牌进行评估。

目前国际上对品牌的评估有两类视角:第一类视角也是比较传统的一类,就是从公司或财务角度,赋予品牌某种价值,例如在公司并购、商标使用许可与特许、合资谈判、税收交纳、商标侵权诉讼索赔等许多场合都涉及或要求对品牌作价,出于这种需要,许多资产评估公司纷纷涉足品牌评估,并发展起各种评估方法。另一类视角则是从消费者角度评估品牌强度,即品牌在消费者心目中处于何种地位,比如,消费者对品牌的熟悉程度、品质感知程度、消费者对品牌的联想等。从这一角度评估品牌,主要目的是识别品牌在哪些方面处于强势,哪些方面处于弱势,然后据此实施有效的营销策略以提高品牌的市场影响力或市场地位。由于上面提到的第一种视角和公司财务密切相关,因此专门的立项批文、权属证明和财务报表都可以提供与评估相关的资料与数据。和第一种从公司视角出发对企业品牌评估相比,从消费者视角的品牌评估的资料则没有现成的数据源可以获得。为了获取消费者的态度从而对于品牌形象进行评估,一般是通过市场调查来获得消费者对于品牌的忠诚度、品牌认知、购买倾向等指标。随着信息时代的到来和互联网的高速发展,网络购物、网络点评、网络推荐等平台层出不穷,消费行为也随之发生了改变,消费者已经不单单通过电视广告、广播或报刊被动地接收企业的品牌知识,而是开始主动搜寻品牌资讯,积极分享产品经验。因此传统的通过调查问卷获取消费者对于品牌态度和认知的方式转变为利用用户在开放环境中主动发表的数据进行品牌的评估和管理。而网络口碑正是用户在开放网络环境中自发产生的信息,同时口碑信息就是用户对于产品和品牌的态度的直接反应,将网络口碑作为企业品牌评估的数据来源是可靠而且可行的。21世纪初,国外相关研究中就已经总结出许多基于网络口碑反馈机制的企业品牌评估案例,如下表 6-1(Dellarocas,2003)①。

表 6-1 网络口碑反馈机制当前应用实例

网站	类别	反馈机制概括	征求反馈的格式	发布反馈的格式
BBC	世界新闻	世界时事论坛	读者可以自发提出感兴趣的话题，同时对于给定的话题发表看法	直接列出读者看法和各类回馈的内容，不给予二次统计数据资料
Citysearch	休闲指导	客户对于某个城市内的餐馆、酒吧、旅馆和商店等进行评价	用户从(1—10)给商户打分，读者从打分的实用性角度对用户的打分给予评价	衡量并统计每个方面的平均评价，同时根据有用性保存用户评价
eBay	在线拍卖	买卖双方在交易后的相互评价	评价(正面、负面、中立)加简短评语	6 个月内正面、负面、中立评价
eLance	专业服务	承包商对次级承包商进行满意度评价	评分(1—5)和文字评论	展示 6 个月内评论和评分的平均值
Epinions	在线论坛	使用者对产品和服务发表评论，其他人对评论的有用性进行评价	用户从 1—5 进行打分；读者对评论从有用无用方面进行评价	评论的平均值；认为评价有用的用户的百分比
Google	搜索引擎	根据链接数对搜索结果进行排序	通过被链接数量对网页进行评价	排序被看作声誉的一种表现
Slashdot	在线论坛	根据读者的评论对记录进行排序和过滤	读者对评论进行评价	排序被看作声誉的一种表现

从这些例子不难看出，网络口碑反馈机制的作用已经越来越受到各类网站和企业的关注。网络口碑自身的特点突破了传统的口碑难以量化的束缚，因此目前很多企业和公司纷纷建立了网络口碑平台进行宣传和反馈

---

① Dellarocas C. The Digitization of Word-of-Mouth: Promise and Challenges of Online Reputation Mechanisms [J]. Management Science, 2003, 49(10): 1407-1424.

收集,以期通过网络口碑反馈机制来获得最真实的宣传效果。

(2) 改进产品与服务

企业利用网络口碑反馈机制可以得知企业的品牌影响力和品牌声誉,成为评判企业整体影响力的一个指标。除此之外,企业基于反馈机制的品牌评价还可以促进企业产品和服务的改进。与帮助企业了解品牌形象不同,品牌形象的评价往往依靠企业从大量口碑信息中抽取出来的定量指标,这些以星级或评分等不同形式呈现的口碑好坏程度最终都会以一个具体的定量评价方式呈现;而对于企业中具体产品和服务的改进更新,网络口碑反馈信息中的定量信息和定性信息都在不同程度上起到了推动作用。

产品销量作为网络口碑反馈信息中的定量信息,反映了产品在消费者中的受喜爱程度。通过比对同类产品中不同品牌的产品销量可以了解到该产品的市场占有份额,清晰把握一款产品在同类产品中的竞争力是改进产品与服务的第一步。信息技术的发展让网络口碑信息得以进行精确测度,并通过特定的口碑反馈系统协调在线反馈社区,这种特定的口碑反馈系统还可以设置自动反馈调解,通过指定参与人员、信息征求类型和聚集方式等推动自动反馈调解的优化设计,有助于机制设计人员对参数的精准调控(李红梅,2011)[①]。而这些参数,以网络口碑反馈信息中定量信息的形式影响着在线社区的产品交易和市场运营。

现代设计中,消费者们从过去单纯的实用消费慢慢转变为体验消费,消费者越来越重视使用产品过程中自身的用户体验(王林,2013)[②]。网络口碑反馈机制成为消费者和企业之间的语言媒介,通过互联网上数以亿计的消费体验评论,企业可以从中汲取到第一手使用报告,这些信息经过加

[①] 李红梅.浅析在线反馈机制[J].现代情报,2011,31(6):29-32.

[②] 王林,蒋晓.反馈机制在移动互联网产品设计中的应用研究[J].包装工程,2013(16):75-78.

工,就可以提炼出针对企业产品各项指标的体验感受和改进意见,从而发挥帮助企业提高产品质量、改进产品服务的作用。同时,又因为消费者人群自身素质的参差不齐,从这些包含用户体验的定性信息还可以提取出针对不同阶层的消费人群的不同体验需求,与当下大众所追求的个性化定制体验相结合,为企业的产品设计、宣传和营销提供用户依据。

网络反馈机制不仅可以帮助企业更好地了解目标用户对当前产品的反应,与此同时,反馈信息的公开性使得这些口碑信息有可能泄露给他们的同行业竞争对手,而同行业竞争品牌也可能利用负面口碑信息传播,加快针对竞争对手企业产品缺陷信息的传播。消费者在线评论中的负面用户体验,极有可能被竞争对手利用,成为企业恶性营销的一种手段。这就要求企业从自身产品入手,不断优化产品的各项指标,开发吸引目标消费人群的产品优势。

以上几点都对产品质量的严格把控、产品设计的新颖性及产品服务的人性化起到了促进作用,因此,网络反馈机制对帮助企业改进产品与服务的效用不容忽视。

(3) 服务补救

将服务过程进行划分,可以将其分为服务前、服务中、服务后三个部分。由于三个子过程中涉及因素多又不可控,再加上服务本身的特点使得服务质量控制的难度大大增加,对于任何一家企业而言,服务失败在所难免。服务失败可以划分为"核心服务失败"和"服务接触失败",核心服务失败涵盖了所有与服务自身相关的失败或技术问题,服务接触失败则是指顾客在与服务人员互动过程中所产生的各类问题(Keaveney,1995)①。这些服务失败一部分来源于人为原因,一部分是由非人为的因素所导致。因

---

① Keaveney S M. Customer Switching Behavior in Service Industries: An Exploratory Study [J]. Journal of Marketing, 1995, 59(2): 71-82.

而,如何进行有效的服务补救成为市场营销学的一个重点(鲁直,2009)①。围绕服务失败,相关研究人员进行了一系列服务补救研究。研究表明,服务补救能够提高消费者的感知公平、总体满意度和品牌忠诚度,有利于促进正面口碑的传播。甚至有研究发现,消费者对于服务补救的满意度比产品消费总体满意度更能促使正面口碑的传播(Iii & Netemeyer,2002)②。营销学家们还发现,消费者参与负面口碑传播的倾向很大程度上取决于他们在投诉过程中的整体感受,换言之,消费者很少愿意进行负面口碑的传播,一旦他们在抱怨的过程中感受到了来自服务方良好的交流与互动,就会觉得自己被重视、被倾听,在整个消费过程中受到了良好的对待。如果企业做出让步且最终结果是正向的话,那么负面口碑将很难形成。也就是说,如果企业能够在服务过程中提供适当的空间去倾听、回应消费者的需求并采取积极的行动去弥补错误,就可以拥有充足的能力应对负面反应,将负面口碑扼杀在摇篮中。

服务补救被认为是服务提供者为了弥补服务失败所采取的所有行动。服务补救的前提是消费者对产品或服务表达了不满、向服务方抱怨或是企业自己发现了服务失败而主动实施补救行为(Smith,1999)③。然而,在传统的消费模式中,由于缺乏申诉渠道和反馈机制,绝大部分的消费者(70%—95%)不会向企业抱怨,单纯依靠企业发现服务失败而提供服务补救是不现实的,因为企业在很多情况下会忽视自己所存在的服务失败情况

---

① 鲁直,王如意.再多一次接触:顾客反馈机制对服务失败后顾客评价的影响[J].计算机系统应用,2009,18(6):40.

② Iii J G M, Netemeyer R G. Modeling Customer Perceptions of Complaint Handling over Time: The Effects of Perceived Justice on Satisfaction and Intent [J]. Journal of Retailing,2002,78(4):239-252.

③ Smith A K, Bolton R N, Wagner J. A Model of Customer Satisfaction with Service Encounters Involving Failure and Recovery [J]. Journal of Marketing Research,1999,36(3):356-372.

(金立印,2005)①。但在互联网环境下,电子商务网站所提供的在线评论功能及独立的第三方消费点评平台等网络口碑传播渠道为企业搭建了一个面向消费者的反馈平台,为企业服务质量提供了反馈通道。

传统意义上的服务补救大多作用于服务过程的最后一个阶段即服务完成后,这个阶段服务的失败已经发生,消费者对产品或服务已经产生了不良印象,服务并不容易补救成功且收效甚微。网络口碑反馈平台则为企业方提供了一个服务前预防服务失败、服务中警惕服务失败的切入点。网络口碑反馈机制与顾客抱怨发生提供服务补救的区别在于,网络口碑反馈机制更加强调企业的主动性而非依赖于消费者主动提供消费评价,这样的反馈机制可以让企业获取顾客在整个消费过程中的体验,促进消费者和企业之间的双向互动,也可以起到监控服务质量、弥补服务传递与消费者期望差距的作用。同时,还可以借助反馈平台收集消费者建议及改进方案,有针对性地优化服务细节、改进服务质量,让消费者参与到企业提升服务质量的过程中,从而增强消费者对企业的认同感。

在线反馈调解员成为网络口碑反馈机制下应运而生的一个身份。在很多电子商务网站中,在线反馈调解员通常由客服担任,客服又分为店铺客服与平台客服两类。服务补偿机制中,承担服务补救的主要是店铺客服。店铺客服可以从服务前、服务中、服务后三个过程来分别预防服务失败及实施服务补救。线上服务交流弱化了沟通不当带来的负面影响,强化了反馈因子对服务补救的正面影响,对消费者满意度和忠诚度起到了保障作用(常亚平,2009)②。

---

① 金立印. 基于关键事件法的服务失败原因及补救战略效果定性分析[J]. 管理科学, 2005, 18(4): 63-70.
② 常亚平, 姚慧平, 韩丹等. 电子商务环境下服务补救对顾客忠诚的影响机制研究[J]. 管理评论, 2009, 21(11): 30-37.

(4) 负面口碑控制

在传统实体商店环境下,如果一个消费者对产品及服务满意的话,他会将积极的消费体验传播给周围的 3—5 个人;相反,如果一个消费者对产品及服务不满意的话,则会将这种消极的消费体验传播给周围的 8—10 个人。同时,挖掘一个潜在消费者的成本是维持一个现有消费者的 5 倍(黄娟,2013)①。除此之外,大量有关负面口碑的实证研究证明,负面口碑相比于正面口碑,对消费者购买决策的影响更大(杜慧,2010)②。消费者依靠口碑信息获取产品质量及服务人士时,往往会通过查看他人评论来评判产品好坏,当产品评论或正面或负面时,人们往往更加愿意相信负面的口碑信息,差评的传播效果和影响程度远远大于中评及好评。随着互联网的普及,口碑信息呈现病毒式传播,负面口碑控制的重要性不言而喻。

消费者在消费过程中产生了负面情绪且服务补救失效或缺失的情况下,负面口碑形成。这个时候,网络口碑反馈机制已无法通过赔偿等手段遏制负面评论的产生,只能利用反馈机制尽早获取负面信息,通过从根本上改进产品质量或对已造成的非产品性问题进行诚恳致歉等方式来削弱负面口碑的影响效果。负面口碑控制的手段之一为服务承诺,即企业通过互联网公开媒体向消费者预示服务质量或效果,并予以保证或赔付的营销行为,目的是降低消费者的购买风险和增加顾客满意度。除却服务承诺,企业还应该积极主动地承认错误、承担责任,同时,企业应该调整营销策略,尽力扭转口碑信息的评论方向来赢得消费者的信任。网络口碑反馈机制作用于负面口碑控制方面,区别于传统的反馈机制,变被动为主动,将消费者的负面信息积极吸纳于统一的平台或社区,方便企业在负面口碑产生

---

① 黄娟. 商家反馈方式对负面网络口碑效应的影响研究 [D]. 华中科技大学,2013.

② 杜慧. 负面网络口碑对消费者购买决策的影响研究 [D]. 武汉科技大学,2010.

之初就及时采取措施控制和抑制负面口碑的传播,将利益损失降到最低。

6.2.2　网络口碑反馈机制对消费者的影响

网络口碑反馈机制对消费者而言是一个消费后的情感宣泄口,消费者在购买产品或服务后通过网络发表的评价是无法从商家宣传中知晓的。一方面,消费者通过网络将口碑反馈给商家,商家根据反馈内容调整相关产品或服务,再将改进后的产品与服务返回给消费者,对消费者而言是利己的。另一方面,消费者潜在的利他动机也使得消费者会选择使用网络口碑反馈机制,传播相关的消费体验,以帮助其他消费者进行选择。

(1) 介入消费者信任博弈

各种网络口碑传播渠道的存在基本上实现了口碑信息的全面性和共享性,线上线下消费都可以通过互联网来进行口碑信息的传播,随着电子商务的蓬勃发展,互联网交易的消费所占比重越来越大。这些互联网上的交易往往具有买卖双方在时间和空间上分离、交易必须依靠技术完成等特点,这些特点给机会主义行为提供了机会,由此也就产生了信任危机(刘伟江,2008)[1]。

国外相关学者将机会主义定义为"欺诈性地追求自利",一般指用虚假的或空洞的、非真实的威胁或承诺谋取个人利益的行为,包括说谎、偷盗和欺骗等(Williamson,1975)[2]。互联网为消费者和企业搭建了一个大型的虚拟交易平台,大部分的产品依靠电子商务平台或寻找专业销售商来进行销售。这也就造成了制造商、网络销售商与消费者之间存在由信息不对称等引起的信任博弈。消费者要完成互联网交易通常需要两步,一是选择可

---

[1]　刘伟江,张朝辉.电子商务中的机会主义、信任和合作[J].首都经济贸易大学学报,2008,10(6):86-89.

[2]　Williamson O. Markets and Hierarchies: Analysis and Antitrust Implications by Oliver E. [J]. Accounting Review,1975,86(343):619.

信任的交易平台,二是选择可信任的产品。网站的声誉一方面会影响制造商的合作,另一方面也会影响消费者的选择,目前的研究则普遍认为网站的声誉与惩罚机会主义者的能力有关。综上,无论是对网站惩罚机会主义者的监督还是获取网站声誉、品牌声誉,消费者都需要一个获取和发布消费信息的渠道来弥补互联网交易中信息不对称带来的风险,网络口碑反馈机制正是起到了这样的作用。所以说,网络口碑反馈机制增强了消费者识别机会主义者的能力,也从一定程度上缓解了信任危机。

基于网络口碑反馈机制的电子商务环境下信任危机的研究主要包含信息机制的理论构建、信息博弈的影响因素分析等。相关研究者提出了电子商务信用评价机制的数学模型,构建了利用买家自身的信用水平设置评分权重,通过调整不同买家对于卖家的评分分值来保证电子商务市场上机会主义卖家诚实交易行为的方案(卞佳,2008)[①]。目前,国内比较大的电子商务网站如天猫等,已经通过网络口碑反馈机制等多种方式,构建了信任体系,并随着社会机制的变动而不断完善和调整(于立斌,2013)[②]。

(2) 影响消费者重购意愿

消费者的购买行为包括首次购买和重复购买,而网络重复性购买行为越来越受企业的重视。但是,随着 web2.0 时代的到来,企业销售大多依赖于电商,而电子商务运营者们则发现网络消费者的转换行为要比线下更为频繁,留住网络消费群要比吸引潜在消费者付出更多的努力。重购意愿就是消费者重复购买时所产生的购买意愿,它被定义为消费者在充分考虑了自己的现状及其他相关条件后,决定在未来存在购买需求时继续购买或使用某一厂商提供的产品或服务的一种决定或倾向。积极的重购意愿存在

[①] 卞佳. 基于第三方平台的电子商务信用评价机制研究 [D]. 南京理工大学, 2008.

[②] 于立斌. 国内电子商务平台信任构建的研究——以天猫网购为例 [J]. 青年与社会, 2013(5): 62-64.

两种表现形式:一种是再次购买,另一种是积极向他人推荐。前一种重购意愿增强了消费者的顾客忠诚度,后一种重购意愿即积极向他人推荐形成了正面口碑,同时也是构成口碑再传播的动机。有学者认为顾客忠诚有五种表现形式,分别为推荐该产品或服务、称赞该产品或服务、鼓励亲朋好友购买该产品或服务、将该公司作为第一选择和重复购买本公司产品或服务。因此,重复购买意愿可以被视作顾客忠诚的一种表现形式(Zeithaml,1996)[1]。

重购意愿或重构行为常与企业服务补救理论相结合,研究可从商家归因和顾客感知两个角度入手,分析商家在线评论反馈对消费者产生的影响(梁剑寒,2014)[2]。研究表明,完善网络消费者评论系统即网络口碑反馈机制有助于提升消费者的品牌信任感,促成消费者的重复性购买决策(巫月娥,2015)[3]。消费者在产生重购意愿时,除了初次购买对产品及服务的体验外,其他非购买平台发布的在线评论反馈对消费者的重购意愿也会造成影响。如果其他平台的消费者对产品及服务的使用体验与其自身一样满意,消费者的重购意愿就会大大增强;相反,如果其他网络平台在线评论反馈多为负面口碑,消费者的重购意愿就会被大大削弱,对消费者的重复性购买行为造成不良影响。企业还可以利用网络口碑反馈机制,推出鼓励政策,促使已经有过购买体验的消费者发表产品的使用心得并给予一定的奖励,但要避免恶性营销,如部分消费者为获取返利而发表低质量的虚假评论。在线评论反馈的内容十分重要,企业应该引导消费者发布专业性较强

---

[1] Zeithaml V A, Berry L L, Parasuraman A. The Behavioral Consequences of Service Quality [J]. Journal of Marketing, 1996, 60(2): 31.

[2] 梁剑寒. 商家负面评论反馈对顾客购买意愿的影响——基于归因视角的研究 [D]. 厦门大学, 2014.

[3] 巫月娥. 网络正面口碑与品牌信任和重复购买意愿的关系研究 [J]. 南京邮电大学学报(社会科学版), 2015, 17(2): 90-98.

的产品使用心得,在线评论内容多着重描述产品及服务的真实指标和有别于其他厂家产品的优势,以此来增强网络正面口碑的可信度,从而增强消费者的重复购买意愿。

6.2.3 网络口碑反馈机制对市场的影响

早在16世纪以前,市场就通过人们在日常的贸易活动中反馈机制的使用所导致的产品声誉来制约贸易双方的行为(Milgrom,1990)①。16世纪后,各种商业法律的颁布取代和补充了市场的贸易反馈机制和声誉系统(Benson,1989)②,相关学者认为这种适应现实的进化是经济有效的,因为互联网被创造之前,收集、处理和传播声誉信息的成本很高,市场依靠这种低效的声誉系统来保障贸易双方的有效权益是不现实的。而后随着互联网技术的出现,反馈机制的效率得以提高,反馈机制再次受到市场的重视。

(1) 实现信息对称

在口碑反馈机制与消费者信任博弈这一小节中,提到了信息不对称所引发的制造商、网络销售商与消费者之间的信任博弈。信息不对称被认为是网购市场普遍存在的一种交易特征。这种特征的主要根源是,人机交易区别于线下消费者与实体店的当面交易,存在买家在购买前不能检查商品、对产品质量和运输信息存疑等问题。这种由信息不对称导致的不确定性很有可能将高质量的商品排挤出网购市场,对整个市场的平衡发展造成不良影响(褚荣伟,2010)③。

---

① Milgrom P R, North D C, Weingast B R.The Role Of Institutions In The Revival Of Trade: The Law Merchant, Private Judges, And The Champagne Fairs[J].Economics and Politics, 1990, 2(1):1-23.

② Benson B L. The Spontaneous Evolution of Commercial Law [J]. Southern Economic Journal, 1989, 55(3): 644.

③ 褚荣伟. C2C 网购市场的交易特征以及在线反馈机制的独特效应[J]. 上海管理科学, 2010, 32(1): 64-69.

信息经济学认为解决某一特定问题可以通过发送"信号"来判断某个特定的卖家是否诚实可信,这种试探以及相互交流的过程将在一定程度上解决买家感知到的信息不对称问题,声誉反馈机制及网络口碑在线反馈系统通常充当这样的角色。反馈机制可以作为一种信号机制,减少逆向选择的发生。通过与特定卖家的交易,买家将该卖家的个人信息通过反馈散播到整个社区,从而使得潜在的购买者了解卖家产品的质量。相关经济学文献提到,反馈机制建立网络市场信任的途径有两种,分别为"信号"与"激励"。一方面,反馈机制可以帮助消费者与卖家和其他消费者建立联系,通过与特定卖家的交易,消费者可以将卖家的个人信息以及该产品的相关信息通过反馈散播到整个社区,从而使得潜在消费人群充分了解卖家及产品质量。另一方面则与消解道德风险息息相关。先进的互联网技术升级了传统口碑,使得当下的在线反馈机制可以收集、整合消费者对某款产品、服务,或卖家的个人评价信息,并进行广泛的社交网络传播,这些在线反馈的信息以定量或定性的方式影响着网络购物市场中的每一个参与者。

(2) 消解道德风险

在现实世界中,互联网交易尤其是电子商务经常会出现以下情况:卖方在拿到货款之后不发货,这个时候也就产生了"道德风险"问题(Holmstrom,1979)[1]。除此之外,在网购过程中,由于买家只有在付款并经过一段时间的等待后才能获得商品,观察商品是否符合个人要求,且大多数买家在出现商品不符合个人要求时也很少进行追讨或惩罚,因为索赔过程复杂而费时,甚至有一些卖家会通过注销ID等恶性行为来逃脱市场制裁,种种原因诱发了卖家的败德行为。以上道德风险构成了网络购物市场的第

---

[1] Holmstrom B. Moral Hazard and Observability [J]. The Bell Journal of Economics, 1979, 10(1): 74.

二个特征,也就是交易不确定。这种交易不确定被认为是"市场失效"的一种表现,市场失效如若不加管控,将会威胁整个社会信任体系,给整个网络购物市场带来不良影响。

社会信任理论认为,陌生人间建立信任的过程区别于个体与组织间信任的建立,个体与组织之间的信任建立可以通过与组织不断交往、交易来累积,传统的市场交易正是如同个体与组织之间的信任建立,存在经验基础并且有重复博弈的过程。而在网络购物市场中,消费者与买家之间的信任属于陌生人之间建立信任的过程,同时,由于网购环境的复杂性和多样性,想要保持长期的买卖关系并不容易,因此这种信任很难建立,也给了机会主义可乘之机(Resnick & Zeckhauser,2002)[1]。这个时候,就需要基于制度的信任,而在制度信任中,社区内网络口碑的传播被认为是形成信任、降低风险的重要因素。这也是为什么很多购物网站和互联网商家将网络口碑反馈机制看作最重要的资产之一。依据相关经济学文献,反馈机制通过"信号"与"激励"两种方式建立网络购物市场的信任。前面一小节中已经重点介绍了反馈机制作为信号机制所发挥的解决信息不对称的功效,另一方面,反馈机制可以作为市场制裁恶性交易事件的一种手段。如果网络购物中存在不好的行为规范,可以通过网络口碑反馈机制向其他消费者传达及曝光不良商家的欺骗行为。若消费者中存在恶意点评等损害商家正当利益的行为,同样需要市场管控和调节,通过各种激励手段可以使得买卖双方理性参与交易,构建良好的网络购物环境。

网络口碑反馈机制对于市场的重要性已经受到越来越多学者的关注,这些研究结果虽然也存在较多的出入,但网络反馈机制对保障网购市场的

---

[1] Resnick P, Zeckhauser R. Trust Among Strangers in Internet Transactions: Empirical Analysis Of eBay's Reputation System[J]. Economics of the Internet & E Commerce, 2002.

健康所发挥的作用不容忽视,如何利用网络反馈机制、构建良好的在线反馈平台等还需要进一步的探讨。

6.3 网络品牌反馈机制在企业品牌中的应用

6.3.1 基于口碑反馈机制的品牌评估方案

(1) 方案设计需要研究的问题

在建立方案实施步骤和具体指标前需要先说明,我们尝试建立的这套基于口碑反馈机制的企业品牌评估方案是从用户视角出发的。如上文所说,国际上有很多关于品牌评估的模式和体系,但是总体说来可以归结为两个视角,一个是从企业财务角度出发,即通过价值估算来推演品牌定位和价值;而另一种即为消费者视角,通过消费者对产品、服务的评价,对品牌的认识和满意度来进行品牌评估,我们下文所构建的方案就是基于这种视角。将口碑的反馈机制应用到品牌评估中,这并不是将原有的评估体系和网络环境简单合并,我们不仅需要结合网络口碑的自身特点,同时还需要规避网络环境带来的各种负面作用,总的说来我们需要解决如下问题:

① 单个用户的口碑反馈是个体行为,如何通过对个体行为的挖掘和构建勾画出品牌口碑的整体趋势性规律?

② 网络口碑具有多元特性,它对于品牌的反映和影响不仅仅来源于口碑信息的内容。也就是说,网络口碑不仅仅是一种信息,更是一种信息传播的行为、一种消费者对于产品的态度和一种人际关系网络交互,如何将传播过程、传播渠道和人际网络视角加入考察范畴中?

③ 口碑信息和话语中心在哪里?传播的引爆点又在哪里?受众的品牌媒介接触点会对企业产生不可估量的作用吗?

④ 开放网络中的信息快速传播不仅为口碑传播带来了宽广的平台和

高速的传播效率,同时也增加了传播中的噪音和匿名同行竞争等问题,如何驱除这些噪音,同时又如何通过这些噪音发掘出有用的信息等都是网络环境对于企业品牌评估提出的挑战。

(2) 评估方案具体步骤

在明确了我们需要解决的问题之后,我们将详细介绍评估方案的各个步骤,最后给出评估方案步骤实施的流程图。

在给出整体评估方案的详细步骤之前我们首先简要地阐述一下依据口碑效应各个指标对于口碑反馈进行分析的必要性。众所周知,在信息传播过程中,只有传播者传递的口碑对接收者产生了影响,接收者的反馈行为才会出现,即口碑效应是口碑反馈的前提,因此本书第四章中 4.2.1 小节对信息传播角度的口碑效应影响因素(信息表达方式、信息传播方式和参与者关系强度)的研究将会对本章品牌评估步骤中的品牌基本状态分析和品牌形象分析有所帮助;而第四章中 4.2.2 小节对人际网络角度的口碑效应影响因素研究将会对本章品牌评估步骤中的"意见领袖分析"和"噪音源分析"有所帮助。因此,依据以上思路我们给出关于品牌评估方案的具体步骤。

首先,我们需要界定网络口碑信息的范围,即用户在网络上发表的对于某个品牌的所有观点都是网络口碑,但是由于这些数据是无法穷尽的,同时这些口碑信息会随着时间的增加而更新、增长和转变,因此首先必须明确研究的时间范围和确定口碑传播的渠道来源——具体说就是口碑传播的平台,例如可以专门针对某个大型 BBS 平台、大型社会交友平台或者针对某个热点人物的博客等,也可以选定多个平台进行横向比较研究。简言之,我们建立评估方案的第一个步骤就是要界定品牌领域(即明确所要研究的特定的品牌)和确定口碑边界(即选择口碑时间范围和确定的口碑传播平台)。

其次,我们需要获取一系列口碑评估的基本指标(品牌关注度、品牌活跃度、品牌影响力、品牌到达力和品牌渗透度)来反映品牌口碑传播的总体趋势。因为每一条口碑仅仅代表了一个用户的态度和观点,只有将所有个人观点汇集起来的总体趋势才能代表一个品牌的系列基础指标。

之后,我们需要对特定品牌在特定平台上的总体形象进行分析。即企业品牌在这个平台上是否受到重视,用户群体对本品牌是否关注,在这个平台上发布的口碑的健康度(即口碑的效价)如何。最后我们将口碑健康度和前步骤中总结出的关注度和活跃度结合,综合考虑品牌在某个特定平台媒体形象的特征趋势,若样本数据量比较大还可以进行趋势成因分析,即深入挖掘健康度背后的成因:① 如果媒体环境良好,即用户关注度高,同时用户评价也很高,那么企业可以将此平台作为品牌宣传的引爆点,即在其他宣传中多引用、链接此平台口碑,多吸引潜在顾客光顾此平台,从而打造优良的品牌形象;② 如果用户关注度不高,但是用户的评价还比较正面,企业的销售和市场人员需要多多关注此平台,同时进行"意见领袖"分析,即找到谁是与企业最息息相关的意见领袖,并将其转变为品牌倡导者去激发和培养其他的潜在消费者成为意见领袖来宣传品牌,提高此平台的关注度,从而间接提升品牌的关注度;③ 如果此平台上的网络口碑负面口碑较多,即在效果分析时,此平台网络口碑的健康度较低,那么企业就需要进入噪音分析的步骤。

噪音分析的首要任务就是找出有影响力的消费者,即负面口碑引爆点。这样做会有以下 4 个好处:① 在危机发生前,可以进行预警;② 揭示和分析消费者的关注热点;③ 判断谁是与企业最息息相关的负面意见领袖;④ 如果负面口碑很多,数量已经达到相当的比重,那么还需要进行负面口碑网络分析。很明显,噪音分析和上一个步骤提到的"意见领袖分析"是目的不同、方法相似的两种分析。一种是通过分析找出正面口碑的意见领袖,另一种则是找出负面口碑的中心点。因此这两种分析可以同时进行,也可以根据研究所具有的不同目的来进行其中一种。

如果研究选择了多个平台,那么需要重复以上的步骤对每一个平台进行分析,之后在平台间进行比较。最后,我们综合前面所有步骤对企业的口碑总体状态进行评估和诊断,对各个步骤中的指标设计说明我们将在本章详细讨论。下面给出对应以上详细步骤的具体实施流程图(图6-1)。

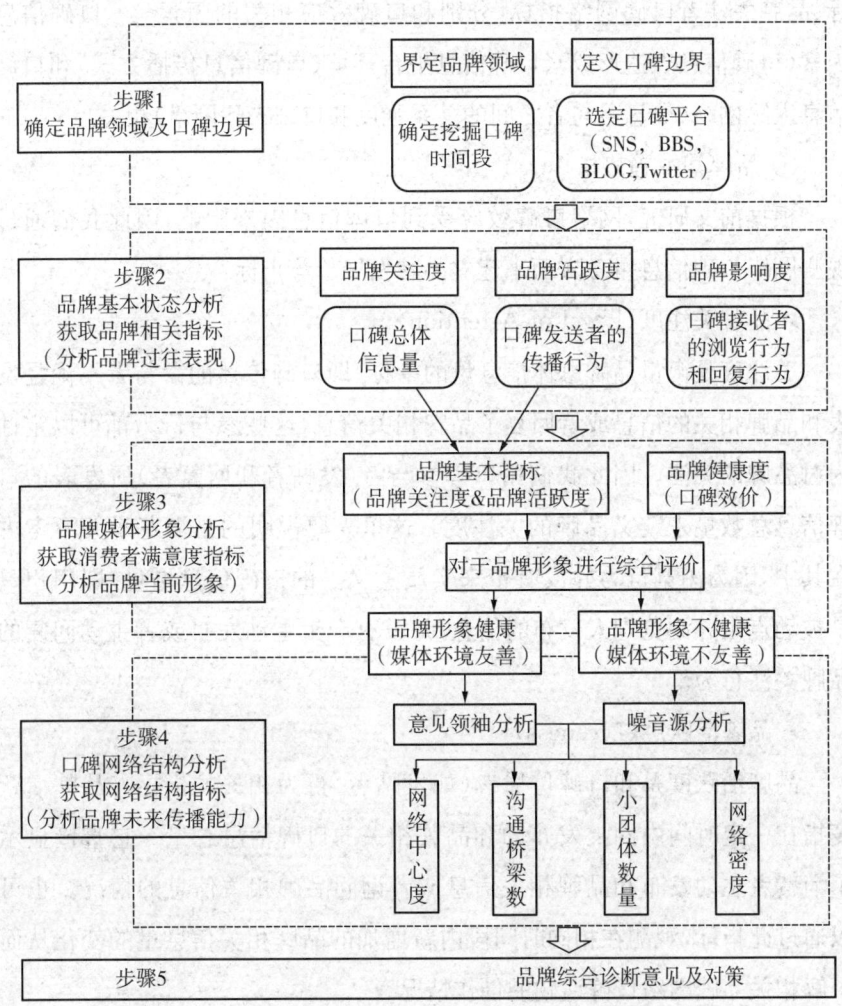

图6-1 基于口碑反馈机制的企业品牌评估方案步骤流程图

(3) 评估方案具体指标

本节将对上文评估步骤中的指标进行设计和说明。由于口碑反馈是以口碑效应为前提基础的,因此依据本书前部分对于口碑效应的研究,我们将指标设计思路分为三个部分——品牌基本趋势指标、品牌媒体形象指标、品牌关注者口碑网络指标,分别和口碑效应相关的因素——口碑信息因素(口碑信息表达形式)、口碑信息平台环境(口碑信息传播方式)和口碑信息人际网络(信息参与者之间的关系强度和口碑人际网络)相关。

① 品牌基本趋势指标

根据前文研究,网络口碑效应受到口碑信息因素影响,因此我们通过观测网络口碑信息量各方面来建立品牌发展趋势指标:

➤ 品牌关注度(Level of Attention)

关注度是衡量品牌总体信息量的指标,即口碑传播的参与者不论是发表和品牌相关的信息或者回复了品牌相关信息,这些参与行为都可以定性为对品牌的关注。因此我们用口碑参与者(发帖者和回复者)所发表的口碑信息总数量来定义品牌的关注度。这里需要说明的是浏览量并不考虑在其中,因为浏览行为并没有带来实质意义上的口碑信息增量,即用户只是被动点击并浏览别人发布的信息,并没有产生主动发布或者主动回复的品牌关注行为。

➤ 品牌活跃度(Liveness)

品牌活跃度是和口碑传播者(如发帖者)行为相关的指标。品牌活跃度指在一定时间内网上发布的和品牌相关的口碑信息总量。它直接显示了消费者主动发布和品牌相关信息或者询问品牌相关信息的情况。也可以通过此指标,观测在相同时间段内新增加的品牌相关信息量的变化从而了解相关品牌网络口碑话题的创作情况。

➤ 品牌影响度(Level of Influence)

品牌影响度是和口碑接收者(如浏览者、回帖者等)行为相关的指标。

品牌网络宣传所产生的影响可以大致从两个方面进行测量:品牌传播的广度(品牌到达力)和品牌传播的深度(品牌渗透度)。当口碑在某个网络平台上发布时,总共的浏览人数可以看作这个口碑所触及的有效人群数目;但是浏览用户中还可以细分为浏览者(潜水者)和回帖者(主动响应者)。有些用户由于对口碑推荐产品很有兴趣,不仅浏览了口碑信息,还会对发表的口碑反馈自己的态度和想法,因此通过口碑回复的人数我们可以推算这个口碑在有效人群中渗透的深度。因此我们将和品牌传播广度和深度两个指标分别命名为品牌到达力和品牌渗透度:

品牌到达力＝与品牌相关的口碑的总体浏览人数

品牌渗透度＝与品牌相关的口碑的总体回复人数/样本总人数品牌影响度＝品牌到达力×品牌渗透度

② 品牌媒体形象指标

品牌的总体形象主要指品牌在消费者心目中的形象和地位。此指标主要通过获得消费者对于品牌的认可度和满意度进行间接测量。下面将对品牌健康度指标和与口碑健康度相关的口碑效价概念进行解释。

➢ 网络口碑效价(Valence)

口碑效价指口碑的极性或调性。正面口碑效价为正,负面口碑效价为负,没有感情色彩的口碑为中性口碑。在统计的时候我们分别用＋1、0 和－1分别来标记正面、中性和负面口碑。

➢ 品牌健康度(Soundness)

口碑效价主要是关于单个口碑的调性,而网络口碑健康度是指和品牌相关的网络口碑正向舆论的总体情况,以此品牌总体口碑信息量为基数。

在统计品牌总体形象状况的同时,可以将网络口碑健康度和品牌关注度、品牌活跃度两个指标结合,综合考虑品牌在某个特定平台的媒体形象的特征趋势,若数据量比较大还可以进行趋势成因分析,即挖掘健康度背后的成因。本分析主要可以考察特定的研究平台总体环境对某个特定品牌是否"友善",即在这个平台中的参与者对于某个特定品牌是否关注,同时这种关注是正向的还是负向的,以及如何从这样的健康度和关注度中挖掘形象背后成因。做品牌媒体形象分析不仅可以明确定位品牌在消费者心目中的地位,而且可以帮助企业总体上把握某个网络平台对于自己品牌的整体态度。对于"友善"的平台需要继续扩大正面宣传的力度,对于"不友善"的,存在较多恶意攻击的平台,需要应用如下给出的口碑网络指标进行"噪音分析",从而得出相应的对策和策略。

③ 品牌关注者的口碑网络指标

根据前文研究,网络口碑效应同时受到口碑参与者之间人际网络的影响,因此我们将通过设计和测量品牌关注者的口碑网络指标进行意见领袖分析和噪音分析。品牌关注者口碑网络指标包括:

➢ 口碑网络中心度(Centrality)

口碑网络中心指标是用来衡量口碑网络中参与者引爆力程度的指标。根据社会网络的定义,个体的点度中心度,又简称中心度,计算的是网络中节点与其他节点之间的直接联系,通过计算口碑网络中每一个参与者的中心度,可以轻松地找出与品牌相关的口碑引爆点(the tipping point)。这里所指的引爆点是一个宽泛的概念,只是单纯通过中心度的大小考虑影响力大的节点,并没有考虑口碑内容的极性。当对于口碑内容做了效价分析后,我们可以根据情况将引爆点划分为"意见领袖"(传播正向、积极口碑的人)和"噪音源"(传播负向、消极口碑的人)。中心度可以通过第五章给出的计算公式进行计算,也可以通过社会网络分析软件直接得出。

➢ 沟通桥梁数量(Numbers of Bridges)

"桥"在社会网络分析中是指联系两个群体(小团体)的中间人。在一个口碑网络中,"桥"的数目代表了口碑信息从一个相对独立的团体传到另一个相对独立的团体中的能力,也就是品牌的扩张力。网络中"桥"的数目越多,品牌的扩张力就越强。我们可以通过绘制总体口碑网络图直接观测出"桥"节点。

➢ 小团体数量(Numbers of Groups)

"小团体"是社会网络中的重要概念,对了解网络整体结构具有重要意义。小团体即为网络中所形成的子群,将这些子群从集群网络中分离出来,能了解子群对集群网络的影响。一般口碑在小团体内传播得快,在小团体间相对传播得慢。小团体数量也是品牌扩张力的另一个指标。小团体数目会影响口碑的扩张。很多时候,品牌的扩张力需要将沟通桥梁数目和小团体数目结合起来考虑。小团体的划分可以通过社会网络软件直接得出。

➢ 网络密度(Density)

密度是网络中实际存在的关系数目与可能存在的最多关系数目之比。对一个规模确定的网络来说,点之间的连线越多,则密度越大。在口碑网络中的网络密度可以反映网络中各节点(口碑参与者)之间关系的紧密程度,因此网络密度也是衡量品牌扩张程度的一个重要指标之一。一个给定网络的密度可以通过第5章给出的计算公式进行计算,也可以通过社会网络分析软件直接得出。

在对网络指标进行考察前,我们首先需要通过计算网络中节点和边的数量总体把握一下网络结构情况,同时需要通过前一步口碑平台环境分析的结果,在"意见领袖分析"和"噪音分析"中进行选择。如果正向口碑很多,就通过各个网络指标提取意见领袖节点,同时进行意见领袖群体结构分析;如果负向口碑较多,就需要通过各个网络指标提取噪音源节点并进行噪音群体结构分析。

④ 品牌口碑状态与转化诊断

以上三个方面的指标(品牌发展趋势指标、品牌总体形象指标和品牌关注者口碑网络指标)分别从口碑信息、传播平台环境和人际网络三个维度显示了品牌过往的基础、品牌当前的形象和品牌未来的传播能力。通过对于以上三个维度的网络口碑指标进行分析,判断整体品牌口碑状态、现存口碑状态和未来发展趋势之后,提出具有针对性的对策和策略。

下面将以"天涯论坛"这个大型BBS平台为实例,对上述方案进行实例验证。

6.3.2 企业品牌评估实证研究——以天涯论坛为例

(1) 数据来源

本节将以天涯论坛为例对上一节提出的品牌评估方案进行实证研究。选择天涯论坛主要有三点原因。首先,前文选择了以"朋友关系"为中心的社会网络交友平台的代表——开心网作为例证,主要是为了和"参与者关系强度""口碑传播者人际网络"等研究要素相符合。但与开心网所侧重的"朋友关系"不同,以天涯论坛为代表的各类论坛平台重心为"话题",选择这类平台更易获取到综合性和多元性的用户口碑反馈,因此更加符合基于口碑反馈机制的企业品牌评估的实证研究目的。其次,天涯论坛包含了各类多元性的话题,内容自发而且环境开放。例如,天涯论坛中的"关天茶舍"就是一个对于各种学术性、社会性话题进行深入讨论的版块;与"关天茶舍"性质类似,但话题面覆盖更广的"天涯杂谈"则更加关注一些严肃性的国内时政问题;很多所谓的"精英"与"愤青"也很乐在"国际观察"中争论国际话题;其余还有很多休闲板块如"娱乐八卦""天涯来吧""一路同行"等。基于这样一个多元话题的大型综合性交流平台的用户群体应该也是多元并具有广泛代表性的,这点对于我们的研究实证也非常重要。最后,由于网络口碑平台有很多种,因此选择两种不同平台(以BBS为例的一对多的传播平台和以社会网络社区为例的多对多的交流平台)为例证也符合口碑传播平台多样性的特点。

本实证选择了奶制品行业中的18种品牌(艾森、光明、长富、蒙牛、晨光、雀巢、达能、三鹿、伊利、银桥、三元、圣元、天友、完达山、维记、卫岗、味全和扬子江)为例,挖掘两年内(2008年12月1日至2010年12月1日)所有标题中含有以上牛奶品牌全称的帖子共计1082条,并按照上文给出的具体步骤和指标对这些牛奶品牌进行评估。对于健康度指标,我们首先选择三名信息管理系中研究方向为网络信息资源管理的研究生,让他们对各个帖子的效价(正向态度、负向态度和中立态度)进行判定。接着向这三人介绍本实证的目的、步骤和各个指标的含义,之后其中两人会按照给出的健康度指标的定义对所有挖掘到帖子的健康度(口碑效价)进行首轮判定:若两人的判定结果相同,则选取此结果作为帖子的最终效价;若判定结果不同,则让第三人进行二次判定,并且选择第三人判定的结果(即三人中两人的共同结果)作为此帖子的最终效价。

(2) 指标分析

① 天涯论坛牛奶品牌的基本状态指标分析

根据上文对于各指标的定义,天涯BBS上的牛奶品牌的基本状态指标(品牌活跃度、品牌关注度和品牌影响度)见表6-2、表6-3和表6-4。

表6-2 天涯论坛牛奶品牌的品牌活跃度

品牌名称	品牌活跃度
蒙牛	366
伊利	346
雀巢	128
光明	65
三元	62
味全	26
完达山	21
天友	16
三鹿	12
卫岗	11

续　表

品牌名称	品牌活跃度
达能	9
圣元	6
晨光	5
银桥	4
艾森	2
长富	1
维记	1
扬子江	1

表6-3　天涯论坛牛奶品牌的品牌关注度

品牌名称	品牌关注度
蒙牛	19367
伊利	4764
三元	1227
达能	1220
雀巢	1001
光明	741
天友	331
味全	275
完达山	80
三鹿	77
卫岗	53
银桥	51
圣元	41
晨光	29
艾森	5

续 表

品牌名称	品牌关注度
维记	5
扬子江	1

表 6-4 天涯论坛牛奶品牌的品牌影响度

品牌名称	品牌到达力	品牌渗透度	品牌影响度
蒙牛	1750542	0.01085208	18997.03
伊利	3954416	0.00111713	4417.613
达能	32124	0.03768711	1210.661
三元	165113	0.00705313	1164.563
雀巢	67412	0.01292567	871.3455
光明	52192	0.01293607	675.1592
天友	21155	0.01487884	314.7619
味全	20362	0.01221307	248.6825
三鹿	4155	0.01559875	64.81281
完达山	8548	0.00688528	58.85541
银桥	2522	0.01860649	46.92557
卫岗	8124	0.00516288	41.95321
圣元	1211	0.02875924	34.82744
晨光	1405	0.01702128	23.91489
维记	37	0.10526316	3.894737
艾森	1058	0.00283019	2.99434
长富	47	0	0
扬子江	209	0	0

依据以上统计,位于品牌活跃度前五位的品牌分别为蒙牛、伊利、雀巢、光明和三元,他们的活跃度分别 366、346、128、65 和 62;位于品牌关注度前五位的品牌分别为蒙牛、伊利、三元、达能和雀巢,他们的关注度分别为 19367、4764、1227、1220 和 1001;位于品牌影响度前五位的品牌分别为

蒙牛、伊利、达能、三元和雀巢,他们的品牌到达力分别为1750542、3954416、32124、165113和67412。很明显,蒙牛和伊利的三个指标(活跃度、关注度和影响力)均位于前两位。同时,值得关注的是达能的到达力(32124)指标排在第五,而渗透度却排在第一(0.03768711),这说明达能品牌在天涯论坛中的帖子涉及面不是很广但是每一个帖子所渗透到的参与人数却很多。而这一特点使得活跃度指标仅仅排在11位的达能,关注度指标却排在第4位。

② 天涯论坛牛奶品牌的总体形象分析

根据上文对于所有指标的定义,对天涯BBS上的牛奶品牌的效价进行分析,在统计时我们将负面口碑、中立口碑和正面口碑分别标记为－1、0和＋1,统计结果如下(表6-5)。

表6-5 天涯论坛牛奶品牌的口碑效价分析

品牌名称	负面口碑数目	中立口碑数目	正面口碑数目
伊利	207	45	94
蒙牛	199	54	113
雀巢	67	36	25
三元	47	7	8
光明	34	10	21
完达山	16	2	3
味全	12	2	12
三鹿	12	0	0
天友	11	3	2
卫岗	10	0	1
达能	5	2	2
银桥	4	0	0
圣元	3	0	3
晨光	3	1	1

续 表

品牌名称	负面口碑数目	中立口碑数目	正面口碑数目
艾森	2	0	0
维记	1	0	0
扬子江	1	0	0
长富	0	1	0

根据上表可以看出,由于研究所涉及的部分牛奶品牌为地方品牌,因此在本研究的两年时间段内,在天涯论坛上受到关注的程度非常小,如长富、扬子江、维记三个牌子总帖量都仅为1。在18个品牌当中,一半的品牌总帖量小于10。对于按照百分比计算的健康度指标来说,若总帖量过小,在统计学上的说服力也相应较小。同时从上表中也可以看出,绝大多数品牌都是负面口碑比较多,正面口碑和中立口碑较少。为了方便下面相应的噪音分析,我们将选择总贴量排名第二,负面口碑量排名第一的伊利为例进行品牌健康度和媒体形象综合分析。依据指标定义,伊利的平均健康度为39.8%,关注度、活跃度和健康度的对比图如下(见图6-2、图6-3和图6-4)。

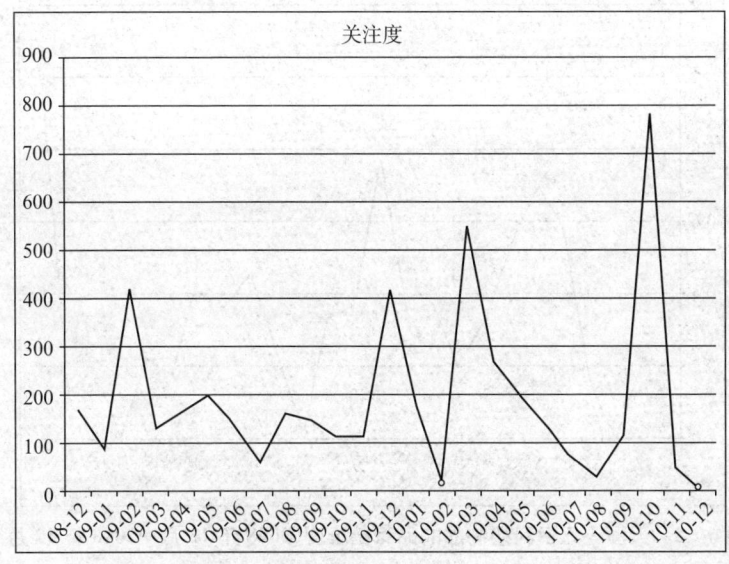

图6-2 天涯论坛伊利奶制品的品牌关注度(2008年12月—2010年12月)

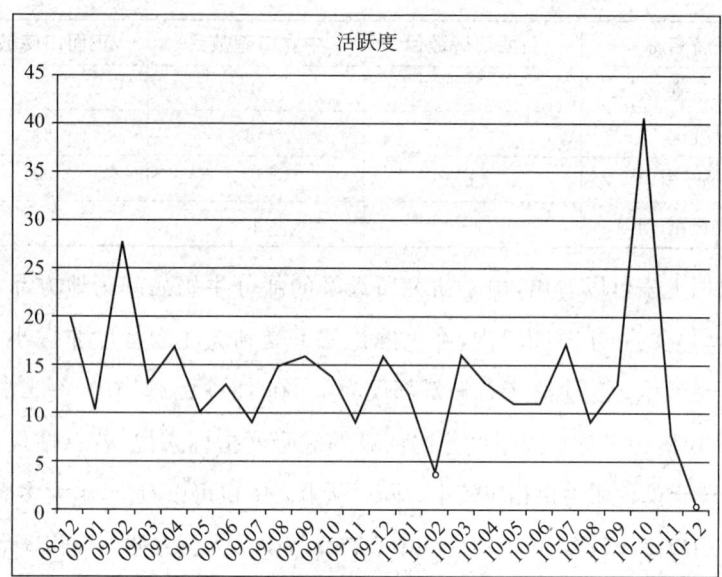

图 6-3　天涯论坛伊利奶制品的品牌活跃度(2008年12月—2010年12)

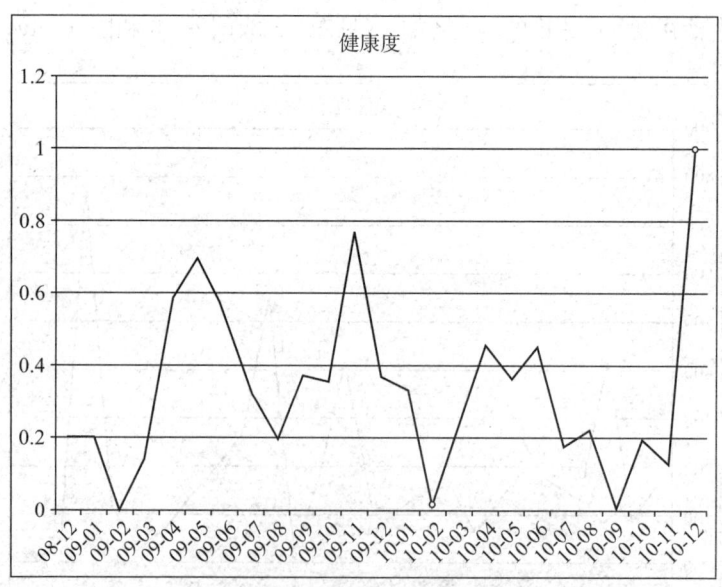

图 6-4　天涯论坛伊利奶制品的品牌健康度(2008年12月—2010年12月)

依据图 6-2 和图 6-3 两年的月度趋势表,伊利的活跃度和关注度趋势基本保持一致,也就是当某月份的活跃度低、发帖量少时该月的口碑总体关注度就会较低,发帖和回复的总帖量也会相对较低。很明显,活跃度和关注度最低值都分别在 2010 年 12 月(活跃度为 1、关注度为 1)和 2010 年 2 月(活跃度为 4、关注度为 25)。对于按照百分比计算的健康度指标来说,若总帖量过小,在统计学上的说服力也相应较小,因此我们在图上将这两点用空心圆点标注,以表示在如下的深入分析中对于这两个样本较小的月份不予考虑。

特定品牌在一定时间段拥有的消费者数目和关注者数目应该是一定的,因此和主动发帖者活跃性相关的指标——活跃度也应该相对稳定,但是在伊利活跃度月趋势图(图 6-3)中可看出,2009 年 2 月和 2010 年 10 月的活跃度数值在图上出现了明显的波峰,说明这两个月发帖量很大。根据分析我们发现,2009 年 2 月的活跃度峰值出现的原因主要是"伊利 CBP 事件"的发生,如网友"月的心情"在 2009 年 2 月 13 日 00:38 分发表的"疑 CBP 致癌,请伊利给个说法(转载)",网友"xixipingan"在 2009 年 2 月 14 日 00:29 分发表的"伊利 CBP 疑似 OMP 也落安全门"等帖子都是对于此事件的讨论。而 2010 年 10 月的活跃度峰值出现主要是由前段时间颇受关注的蒙牛经理雇佣公关发帖攻击伊利产品的"奶粉性早熟事件"引起的,如网友"bingya12"在 2010 年 10 月 21 日 19:09 分发表的"传奶粉性早熟系蒙牛攻击伊利误伤圣元",网友"吼上一嗓子"在 2010 年 10 月 15 日 11:17 分发表的"蒙牛、伊利互掐,谁更受伤"等帖子都是对此事件的讨论。

上文也提过,一般说来品牌的关注度是和活跃度正相关,因此在一定的时间段内关注度也应该和活跃度一样保持基本稳定,若发生上段说明的事件性原因使活跃度上升,相应的关注度也会随之上升。但是从上图看来,和活跃度月趋势图(图 6-3)上仅有 2 个峰值不同,关注度月趋势图(图 6-2)上出现了 4 个峰值,分别为 2009 年 2 月(关注度为 426)、2009 年 12

月(关注度为420)、2010年3月(关注度为552)和2010年11月(关注度为790);其中2009年2月和2010年10月都是由于事件性话题("伊利CBP事件"和"奶粉性早熟事件")引起了活跃度提高从而导致了关注度的提高。而另外两个月份,即2009年12月份和2010年3月份的高关注度的形成很有可能是由网络推手或是竞争对手制造的"噪音源"的炒作行为所引起的。如在2009年12月的16个相关帖子中,有三个负面帖子都是由同一个网友"Jerry8821"发表的,而且对于此人的所有回帖数占此月所有回帖数的46%,可以说此人发表的负向口碑造成负向关注(负面回帖数)占此月所有回帖数近一半的比例,对于这种类似于炒作的行为很难界定,因为他们相当的隐蔽,需要在下一步骤通过一系列网络结构指标进行"噪音分析"才可以准确地判断。

依据健康度月趋势图(图6-4)可以看出,本实例中的健康度指标和活跃度、关注度两个指标发展趋势相反。健康度两个峰值点出现在2009年4月(健康度为70%)和2009年11月(健康度为77.78%)。然而这两个月份的活跃度(分别为10和9)和关注度(分别为196和114)都较低;同时关注度和活跃最高的四个月份(2009年2月、2009年12月、2010年3月和2010年12月)的健康度分别为0、37.5%、25%和19.5%。可以看出这四个月份的健康度都很低,而依据指标定义计算得出的伊利品牌的平均健康度较低,仅为39.8%,即每100个帖子中仅有不到40个帖子是正面口碑,其余为负面和中性口碑,同时综合考虑上面对于低健康度、高关注度和高活跃度的统计结果,得出伊利的品牌在天涯论坛上的总体形象不是很健康,也可以说天涯BBS平台的参与者对伊利品牌不太友善。因此根据上文制定的品牌评估的方案步骤,我们需要进行网络指标分析中的噪音分析。

③天涯论坛伊利品牌口碑网络"噪音分析"

我们希望通过"噪音分析"从口碑参与者之间表面上看似不相关的独立的两两相互关系中挖掘出背后的联系网络,从而解决在一个负面口碑网络中哪些是活跃的参与者、这些参与者中哪些是主动发帖者、哪些是关注此类负面口碑频繁回复者和顶帖者、这个负面口碑网络是一个独立网络还是由很多相互联系的小团体组成等问题。

在做"噪音分析"前,我们首先在与伊利相关的所有发帖中筛选出全部负面态度的帖子共计 207 条;其次,分别以每一个帖子为源头,挖掘其所有回复者;最后,在挖掘出的这些回复者中去掉正面、中性和一些不相关的回复(如广告帖等)。最终总计获得两两关系 1229 条,所涉及的参与人数一共 1139 人。为了方便最后统计和网络结构中的结构图形显示,我们将这 1139 名天涯论坛网民样本进行编号,具体的天涯网民样本编号对照参见附录。

我们在挖掘帖子的过程中发现存在多重回复(一个人多次回复同一个帖子)、自回复(发帖者回复自己帖子)等现象,为了解决这些问题,我们对所挖掘的数据做如下的进一步处理:由于我们考察的是参与者之间的相互联系,因此自己回复自己的节点,以及仅仅产生一个回复的关系链接都不在我们考虑之内,故将这 1139 名参与者中心度小于 1 的节点删除;很多时候由于发帖者和回帖者之间关系很熟悉,回帖者会通过发帖者的帖子与发帖者频繁沟通,这样就出现了一人重复回复同一个帖子的现象,而这对于我们考察隐性关系联系是多余的信息,因此我们将这些重复关系都删除。

根据以上步骤对于数据进行最终处理之后得到 208 条关系和 171 名参与者,并按照附录中的编号将剩余的 171 个节点和 208 条关系数据转换成 txt 文件输入 UCINET 软件中,就得到口碑交流的矩阵模型,将此网络模型导入 PAJEK,从而绘制出伊利品牌负面口碑交流网络整体结构初始图如下(图 6-5)。

由于图 6-5 节点之间的关系比较复杂不能看出总体结构,我们首先从宏观上对整个网络进行小团体分析。

网络口碑研究

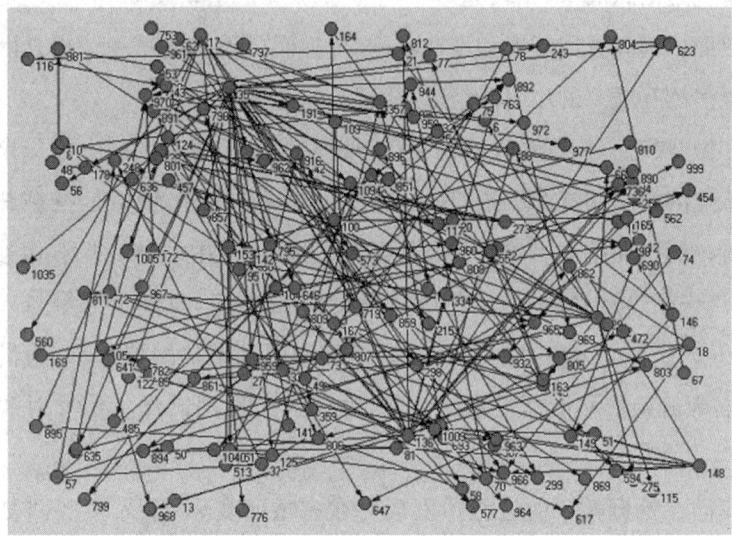

图6-5 伊利品牌负面口碑交流网络整体结构初始图

表6-6 伊利品牌负面口碑交流网络小团体分析显示结果

```
COMPONENTS
Kind of Components: WEAK
--------------------------------------------------------------------
7 components found with 3 or more members.
    1:  5 146 149 690
    2:  6 10 12 13 17 18 20 21 22 27 28 34 35 37 39 42 43 48 51 53 55 56 57 58 60
62 66 70 72 73 74 77 81 84 88 96 100 104 105 110 115 116 117 122 124 125 136 138
141 142 143 148 151 153 163 164 165 167 172 178 191 215 222 240 243 248 255
273 275 298 299 307 332 334 359 457 472 485 498 513 560 562 573 577 594 617
623 635 636 641 646 647 693 719 736 763 776 782 795 797 799 801 803 805 806
808 809 810 811 812 851 857 859 861 862 869 890 891 892 894 895 896 916 944
958 959 960 961 962 963 964 965 966 967 968 970 972 977 999 1005 1009 1035
1040 1094
    3:  8 19 180 753 881
    4:  15 33 95 169 454 798 932
    5:  23 49 75 357
    6:  50 67 804
    7:  78 85 109 807 969
```

6 网络口碑反馈机制相关研究

通过菜单路径 Network-Regions-Components-Simple graph 在 UCINET 软件中对伊利品牌负面口碑交流网络进行小团体成分分析,并在条件种类中选择 WEAK 得出表 6-6 结果。我们可以清楚地从表 6-6 看出 UCINET 将 171 个节点分成 7 个小团体,最小的一个团体(compinent 6)只包含了 3 个节点 50、67 和 804。而最大的成分(component 2)却包含了 143 个节点。由于最大的小团体(component 2)所包含节点数和其余小团体所包含节点数差距较大,同时其余包含节点较少的小团体对总体口碑传播的影响程度也相当有限,因此我们下面仅对于包含节点最多的小团体进行深入研究。

通过菜单路径 Network-Centrality-Degree 在 UCINET 软件中对伊利品牌负面口碑网络中的最大小团体中点度中心度进行分析,结果见表 6-7。

表 6-7 中心度计算显示结果(部分)

	1 Degree	2 NrmDegree	3 Share
35	28.000	2.562	0.081
136	23.000	2.104	0.067
138	14.000	1.281	0.041
17	10.000	0.915	0.029
970	9.000	0.823	0.026
148	8.000	0.732	0.023
28	7.000	0.640	0.020
143	7.000	0.640	0.020
100	6.000	0.549	0.017
18	5.000	0.457	0.015
105	5.000	0.457	0.015
84	4.000	0.366	0.012
73	4.000	0.366	0.012
890	4.000	0.366	0.012
965	4.000	0.366	0.012
799	3.000	0.274	0.009
916	3.000	0.274	0.009
124	3.000	0.274	0.009
968	2.000	0.183	0.006
110	2.000	0.183	0.006

从结果中我们可以看出,点度中心度大于 10 的口碑参与者为 35 号"Jerry8821"、136 号"投诉伊利 2010"、138 号"娃娃小敏"和 17 号"chxxyf",他们的点度中心度分别为 28、23、14、10。这些数据说明在沟通交流过程中,这些节点与其他节点的沟通、交流的关系相对紧密。其中中心度最大的 35 号"Jerry8821",此人发表负面口碑量就达到 35 篇,属于我们需要挖掘和关注的中心"噪音源"之一。这个结论与我们前文在品牌形象分析中所特别关注的"在 2009 年 12 月一个月中对于'Jerry8821'所发表的负面口碑的所有回帖数占此月所有回帖数近一半比例"的事实相印证。同时从位于中心度第二的 136 号网友的网名"投诉伊利 2010"也可以看出此人在注册网名时就对于伊利品牌存在蓄意的攻击性,因此对负面口碑网络中心度很高的"噪音源"需要密切关注。

通过菜单路径 Network-Cohesion-Density 在 UCINET 软件中对网络总体密度进行测量,得出此网络密度为 0.0001。由于只是单个网络对于密度没有比较性,因此我们将此小团体的网络关系导入 PAJEK,绘制出这个独立小团体的口碑网络,我们通过自由选择旋转功能(Free)得出这个负面口碑小团体的交流网络结构图(图 6-6)。

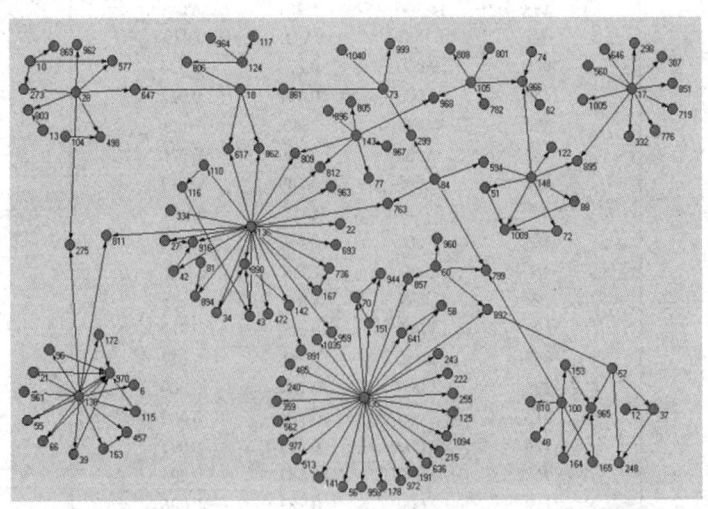

图 6-6 伊利负面口碑小团体网络结构图

由上图可以看出整个网络结构中包含若干以活跃节点为中心的散射状星团,这些星团中的个别节点又作为"桥"沟通了星团之间的交互结构。整体结构不是很紧密,但是基本联系非常均匀。积极活跃的中心点为136号、35号、138号、790号、17号和28号,此结论和上文的中心度计算出的结果相符。同时值得关注的是此网络中的桥节点也起到了很大作用,如以28号节点为中心的星团和以138号节点为中心的星团通过275号"桥"节点连接;以136号节点为中心的星团和以138号节点为中心的星团通过811号"桥"节点连接;以35号节点为中心的星团和以136号节点为中心的星团通过891号"桥"节点连接。这些"桥"节点使若干个星团组成了一个整体网络,扩大了"噪音源"发出的负面口碑的影响力,因此也需要密切关注。

以上仅是对天涯论坛上18种牛奶品牌进行的实例分析,在实际操作中,企业完全可以根据自身品牌特点、消费者群体定位而选择不同的平台进行针对性的纵向比较分析,也可以选择若干竞争对手品牌进行横向比较分析。

6.4 网络口碑反馈机制的对策建议

以上分析的结果可以从侧面反映个别品牌的产品质量问题、不正当竞争行为对于整个品牌乃至整个行业而言都有可能造成波及性的伤害,使品牌和行业陷入信任危机。企业需要意识到消费者的正向口碑反馈对整个企业甚至整个行业的重要性,企业不仅仅需要研制出高质量的产品,同时需要学会和消费者进行沟通,不仅仅需要掌握对品牌消费者口碑的总体评估方法,同时还需要有对总体口碑进行全局管理和把控的意识。下面将给出对于网络口碑反馈机制的若干对策和建议。

6.4.1 建立舒适、透明且富有体验性的沟通平台

从 Web 1.0 时代步入 Web 2.0 时代的过程中,企业逐渐意识到网民在"读"之外有更多"写"的意愿,开始在网上为消费者提供表达自己意见的口碑平台,比如企业通过自建官方博客、论坛或者通过第三方社区与网民互动沟通的尝试在过去几年里盛行起来。但是由于某些平台较易受到企业自己的操控,消费者对于参与平台各类讨论和考量平台中信息的可信度时会更加谨慎。总体说来,企业与网民在线沟通平台的类别可分为论坛平台和博客平台,根据平台的属性还可进一步分为官方平台和第三方平台。罗兰贝格与 CIC 在 2010 年 7 月联合发布的《中国消费者报告 2010》的研究结果显示,由于论坛平台具有高度的透明和开放性,网民对论坛形式沟通平台的偏好要优于博客形式的平台。在论坛平台中网民对第三方论坛的偏好要优于官方网站上的企业论坛;但是博客平台却是相反的结果,网民更喜欢在官方博客上与企业进行沟通。同时消费者尤其喜欢提供虚拟产品体验的网络平台。例如,新浪网在 2009 上海车展上开辟了虚拟展厅,让用户在三维网络平台上体验新车型,从那以后到 2010 年 4 月 30 日期间,虚拟展厅的访问量超过了一百万。

由此可以看出,消费者喜欢透明、公开且富有体验性的沟通环境,企业需要依据消费者偏好建立便于消费者参与和沟通的口碑平台,只有用户在平台参与过程中感到舒适、自由、透明和诚信,才会与平台保持紧密的关系并乐于为企业创造价值口碑,给予企业真实而中肯的反馈和评价。

6.4.2 加强对于噪音源的监控和识别

"危机源"也称"噪音源",指对于企业品牌造成损害的负面口碑反馈者。在传统的面对面交流过程中,一个不满的顾客可能会把对于企业负面的态度和经历告诉五个人,而在网络环境中这个顾客可以通过信息广播的

手段轻而易举地将这种不满传达给六千甚至更多的人（Richins，1983）①。出于对风险的规避，消费者往往会对负面口碑更加敏感和重视，因此往往极少数的负面口碑反馈就会对一个品牌形象造成严重影响。在网络世界中，每一个终端用户都可以通过网络在世界各地的每一个角落表达和彰显自己的观点和态度，因此企业应该重视和关注用户的反馈，积极应对用户的不满而不是回避，以免因为小过失而引爆一个"噪音源"，进而损害企业和品牌的形象。同时网络的匿名性催生了难以监控恶性竞争这一弱点，很多同行雇用网络枪手发布对竞争对手不利的负面消息，这类谣言在未经证实的情况下被放大、反复转帖和进一步传播，最终酿成公司的危机事件。因此，如何发现此类负面口碑，如何遏制谣言信息的传播都需要进行深入的探讨。

通过上文给出的方案，我们很容易监控到一个品牌的整体健康度并聚焦到个人，即定位某些特定的"害群之马"，他们可能是某些对于品牌产品具有强烈不满感的消费者，也可能是竞争对手雇佣的网络黑手。因此企业对于负面舆论需要具有高度的危机意识，成立专门的部门对消费者口碑进行追踪、收集、分类和汇总，全面地了解消费者对于企业产品的态度和意见，并对"噪音源"进行监控和识别，从而及时采取措施对危机进行应对和规避。

综上所述，对于企业来说口碑的核心价值就是品牌形象，因此为了获得真实有效的反馈，企业应当致力于建立透明、健康并且易于消费者自由参与的口碑交流平台，时刻关注和检测不利于品牌发展的负面口碑，做到及时规避和积极应对，即企业通过成为正向口碑引导者和负面口碑缓释器来维护企业形象、稳固企业地位。

---

① Richins M L. Negative Word-of-Mouth by Dissatisfied Customers: A Pilot Study [J]. Journal of Consumer Research，1983(10)：73-82.

7 研究结论与展望

7.1 研究结论

  本书"理论"部分基于社会影响理论和社会网络理论,从信息传播和人际网络两个视角对网络口碑效应进行了理论探讨、实证研究并尝试建立一套基于口碑效应的企业品牌评估方案。不仅将口碑效应的研究拓展到了和传统面对面口碑交流完全不同的网络环境中,同时还将口碑效应研究从传统学者们关注的口碑传播者发送意图、口碑传播者专业性、口碑接收者产品涉入程度等要素拓展到与信息传播过程和人际网络结构相关的各要素的实际应用和研究中。

  随着信息技术和社交网络的发展,人们对口碑的应用将越来越广泛,同时对口碑的依赖也会越来越强烈。本书对于网络环境中口碑效应研究的若干结论不仅在理论上拓展了该领域的研究范畴、完善总体研究框架,同时本书的若干结论也可以对企业和各类网站平台提供商在实际应用中所面临的问题给予建议和指导。

7.1.1 对理论研究上的贡献

  本书首次尝试性提出了基于信息技术发展而出现的传播方式(一对一

vs. 一对多)要素对网络口碑的影响。结果显示传播方式要素和关系强度要素存在双向交互关系,且传播方式会调节关系强度对于口碑效应的影响。自从 Granovetter 于 1973 年提出了"关系强度"理论之后,学术界对于"强关系"好友在产品推荐上更有影响力的观点已经广泛接受,然而本研究结论却显示只有在一对一的交流方式中,关系强度才对口碑推荐和接受存在显著影响,而一对多的广播式交流方式则会使关系强度的影响力明显减弱;同时本研究结论还显示当人们通过广播方式传递评价型口碑信息时,"强关系"好友和"弱关系"好友在口碑的影响力上没有任何区别。可以说本研究结论从传播方式的角度完善了过往研究中对于关系强度影响力的结论。

同时本书所提出的信息表达方式对于口碑效应有显著影响、评价型信息对于口碑接收者更有吸引力和影响力的结论和过往学者对于情感类信息效力的研究结论是一致的。

本书还结合信息类型和信息传播方式两个因素提出了四类信息交流模式:评价型信息一对一交流模式;事实型信息一对一交流模式;评价型信息广播式交流模式;事实型信息广播式交流模式。此结论不仅充实了口碑研究在信息传播领域的内容,同时也为下面将要讨论的网络口碑的实际应用提供了思路。

7.1.2 实际生活中的应用思路

本书给出的基于口碑效应的企业评估方案不仅为企业提供了一套系统的评估品牌宣传效果的步骤,同时提高了企业对于品牌形象的重视程度。特别是从人际网络角度对网络口碑研究的若干结论使企业更加关注口碑"引爆点"和网络小团体之间的"桥"节点,从而增强了企业对"意见领袖"的把握和对"危机源"的监测和控制力度。

本研究所提出的四类信息交流模式也有助于企业营销部门根据不同

传播方式和不同受众制定不同的宣传策略。在无特定目标客户时，即口碑宣传方与目标客户关系不是很密切时，可采用评价型信息和广播式传播方式相结合的策略。此策略优点是不需要前期锁定客户，意味着宣传方前期不需要投入过多的资金，同时受众范围比较广泛。当口碑宣传已经明确了潜在目标客户并且有一定的潜在客户网络时，可以采用评价型和一对一传播方式相结合的策略，即可以通过使用"好友网络"进行口碑宣传。虽然此策略没有 EMBM 组合所涉及的受众面广泛，同时要求宣传方有一定的好友资源，但是用户对于通过此策略传播口碑的接受度是所有网络口碑信息传播种类中最高的。对于网络平台提供商而言，本研究可以使他们进一步意识到口碑宣传的效力和重要性，从信息传播和人际网络角度设计出更有利于消费者口碑交流和宣传的交流应用控件。例如很多交互式社交网站上都有"我最近在做什么"的状态更新功能，这不仅满足了个人自我表达的愿望，同时也有利于朋友之间了解彼此的生活进展，那么平台是不是也可以尝试提供一些类似的"我最近买了什么""我最近喜欢什么"以及"我最近在用什么产品"等控件，这样不仅能增进朋友之间的深入了解，方便消费者找寻好友发表的产品经验和实用口碑，也有利于企业寻找"潜在使用者"和"忠诚用户"，使平台成为企业和消费者之间的桥梁纽带，从而提升平台的价值。

7.2 研究不足与未来展望

7.2.1 研究不足

围绕网络口碑进行的研究还处于初始阶段，而利用口碑进行企业品牌评估和管理更是处在摸索之中。本研究所做的工作也只是一种初步的尝试性研究，还远没有达到成熟的水平。还有许多重要的工作亟待完善和推

进,主要包括:

(1) 本书在对于信息传播角度的口碑效应实证中,仅对两种传播方式(一对一和一对多)进行了研究而没有考虑到口碑参与双方之间多对多的互动,此点还有待于在后续的研究中进行探讨。

(2) 本书在对于人际网络角度的口碑效应的研究中,仅将网络结构看作在确定时间内的静态结构,而事实上口碑网络是随着时间不断动态演化的,时间对于口碑网络的影响如何、口碑网络在演化过程中会呈现什么样的趋势、在这样的趋势中口碑效应又会有什么样的改变等都是今后值得关注的研究方向。

(3) 本书在口碑效应要素实证中仅采用"矿泉水"一种产品,同时在网络口碑众多平台中也仅对于以开心网为例的用户社交平台和以天涯论坛为例的BBS平台进行了实证,因此在后续的实证研究中应该选择各类口碑平台、针对各类产品口碑信息进行大样本的对比研究,从而对本书提出的口碑效应各要素和基于口碑的品牌评估方案进行进一步的验证、改进和完善。

7.2.2 未来展望

本研究利用过往文献梳理了大量关于网络口碑的研究。然而,网络口碑是个动态发展的过程。一方面,人们对网络口碑的依赖度日益增加,网络口碑传播平台上的社区氛围也在随着产品的发展而改变。另一方面,社会化媒体的发展对网络口碑研究方向影响深远,近年逐渐流行的朋友圈带货、在线直播平台带货、红包鼓励等新的网络口碑传播现象也值得信息管理学界关注。在这种背景下,本书对网络口碑研究未来的研究内容做出展望。

(1) 新型口碑营销方式对网络口碑研究的影响

关于网络口碑的现有研究主要是围绕电子商务平台(如淘宝)、评论网站（如豆瓣网）或者社交平台（如微博）上的网络口碑展开的。然而，随着社交媒体的发展，很多的口碑营销，不论是消费者个人发起的还是商家发起的，都不再局限于以上几种平台。比如知识问答社区"知乎"上，经常有"有哪些好用不火的软件？""有哪些值得推荐的家庭收纳神器？""B站上有哪些可以推荐的学习 up 主？"等问题。这些问题的回答为口碑接收者提供了多种选择信息，但其表现形式和内容与购物平台上、评论网站上的口碑信息又有所不同。用户可以从答主的身份认证及其过往回答中判断信息的准确性与可靠性，因而围绕该平台展开的口碑传播研究选题可能与传统网络口碑研究多有不同。再比如，现在一些购物平台上的店家会采用发放红包的方式来促使消费者给出正面口碑，朋友圈微商也经常采用留言好评截图、返图发红包的方式来为自己挣取正面口碑。这种激励用户生成内容进行产品营销的方式是如何影响网络口碑传播的？能多大程度上促进消费？这些都是未来网络口碑研究值得关注的问题。

（2）在线产品/服务模式的发展对网络口碑研究的影响

在线商品售卖的模式已经发展多年，无论是实物商品（如服装、电器）还是虚拟商品（如电影票、餐饮代金券）的交易模式与评论机制都已趋于成熟。但近些年互联网线上服务诞生了针对服务的网络口碑。由于评价的主体是人，评价的客体也是人，且服务模式千差万别，这种针对服务的在线口碑评论亟待研究。一个典型的例子是，如果消费者选择互联网就医，在选择医生时几乎都会参考医生的口碑信息。消费者在选择医生时所承担的风险是大于选择书籍、电影、餐馆的风险的，并且选择医生的评估尺度和选择一般商品的评估尺度是不同的。消费者可能根据客观信息，比如医生所在医院知名度、某类疾病可考虑的医生集合的大小或地理距离来选择医生，也可能根据患者的主观评论来选择医生。然而，一方面，被服务主体并非医疗行业专业人员，与普通商品和享受型服务评论相比，其点评可能更有失偏颇。但另一方面，这些评论又是患者选择医生的重要参考。再比如,外卖平台或者快递平台有对派送人员的评分机制,但消费者可能会因为各种情形,即使没有及时送达也会对派送员给出五星评价,或者由于商家和派送人员责任不清而给出偏颇的评价。以上列举已可让人窥见基于互联网的服务型产品的口碑评价不同于普通商品口碑评价,需要考虑更多"人"的因素,现实问题的产生让该类网络口碑值得展开研究。

(3) 技术发展对网络口碑研究的影响

技术发展对网络口碑研究的影响一是体现在网络口碑传播方式上,二是体现在网络口碑研究方式上。

在网络口碑传播方式上,如今通信成本的下降催生了在线直播网络购物的兴起。例如网络直播红人李佳琦通过网络直播,可以让知名度一般的品牌广为人知,其作为一种特殊的意见领袖,对网络口碑传播产生了独特且值得关注的影响。而诸如5G技术、AR技术的发展可能会推动在线直播购物、云体验购物等新购物模式的发展,购物体验的转变也会带来口碑传播以及口碑信息使用行为的转变。在这种背景下,文本形式的正面口碑和负面口碑会以何种方式,在多大程度上影响口碑接收者决策,是值得探究的问题。

在网络口碑研究方式上,口碑研究往往采用问卷调查、日志挖掘等方式来探索用户的信息行为。而在未来,脑电实验和眼动追踪等实验方法可以成为口碑研究的新工具。例如,眼动追踪可以帮助学者更加直观且客观地研究口碑接收者查看口碑评论的方式——是先看排在最前面的评分,还是先看负面评论等。

附录1 "开心网"实证数据源

表 A-1 用户编号和开心网用户 ID 对应表①

用户编号	口碑参与者开心网 ID	用户编号	口碑参与者开心网 ID
1	鲍×	2	徐×
3	边×	4	张×
5	常×彧	6	李×
7	陈×	8	朱×春
9	陈×慧	10	黄×
11	崔×	12	陆×
13	崔×齐	14	郑×飞
15	戴×	16	苏×维
17	邓×	18	任×飞
19	董×	20	秦×峰
21	方×	22	邱×方
23	高×阳	24	孙×国
25	高×云	26	韩×琳
27	高×燊	28	袁×刚

① 由于开心网交友平台的 ID 名称涉及个人隐私,因此我们在给出数据源的同时用"×"隐去具体 ID 中的某一个字以保护个人隐私。

续表

用户编号	口碑参与者开心网 ID	用户编号	口碑参与者开心网 ID
29	顾×超	30	王×厂
31	郭×草	32	黄×虎
33	胡×帅	34	茅×萍
35	黄×春	36	薛×
37	江×琼	38	丁×
39	季×源	40	龚×霞
41	江×	42	黄×
43	金×	44	明×
45	金×昕	46	孙×美
47	李×红	48	曹×
49	李×	50	李×宁
51	李×泉	52	杨×明
53	刘×里	54	蔡×方
55	刘×菁	56	狄×斌
57	刘×祖	58	金×梅
59	罗×	60	肖×杰
61	罗×华	62	顾×
63	蒲×轩	64	李×杰
65	钱×明	66	朱×华
67	沈×凡	68	曹×国
69	宋×临	70	朱×
71	苏×	72	侯×
73	孙×	74	秦×妮
75	孙×霞	76	寇×兆
77	童×	78	蔡×闫

续 表

用户编号	口碑参与者开心网 ID	用户编号	口碑参与者开心网 ID
79	王×煜	80	周×羽
81	王×	82	吴×
83	王×	84	陈×
85	魏×冉	86	季×博
87	吴×	88	朱×
89	熊×凡	90	朱×婧
91	徐×荣	92	陈×理
93	许×	94	李×
95	严×力	96	华×
97	叶×婷	98	许×玲
99	叶×飞	100	蒋×
101	英×	102	卢×燕
103	余×中	104	赵×
105	袁×	106	王×
107	曾×	108	黄×靖
109	张×霞	110	时×铨
111	张×	112	吉×鑫
113	张×	114	尚×永
115	张×妮	116	陆×
117	张×岗	118	陈×娟
119	赵×康	120	季×童
121	朱×	122	韩×燕
123	陈×欣	124	于×
125	蒙×	126	杨×萌
127	周×	128	戴×茸

续 表

用户编号	口碑参与者开心网 ID	用户编号	口碑参与者开心网 ID
129	石×	130	倪×
131	纪×舟	132	杨×
133	施×蔚	134	袁×
135	郑×毅	136	周×人
137	阮×	138	王×君
139	常×	140	孙×
141	阎×	142	沈×萍
143	赵×	144	潘×佳
145	范×	146	于×
147	穆×阳	148	罗×
149	钱×	150	熊×
151	蔡×红	152	杨×媛
153	李×柯	154	云×苇
155	吴×星	156	徐×琴
157	孙×	158	林×
159	刘×	160	宋×萍
161	徐×	162	李×
163	谢×怡	164	舒×婷
165	王×	166	任×生
167	赵×	168	徐×媛
169	张×涵		

附录2 "开心网"实证中间结果

表 B‑1 口碑接受意愿—网络中心度—网络密度对照表

用户编号（User ID）	口碑接受度（被选次数）	网络中心度（Centrality）	网络密度（Density）	小团体编号（Group ID）
27	30	41	0.0138	1
33	18	27	0.0138	1
50	14	21	0.0138	1
10	12	24	0.0138	1
146	11	14	0.0040	5
24	10	12	0.0138	1
48	9	14	0.0040	5
4	8	13	0.0138	1
159	8	14	0.0138	1
158	8	14	0.0040	5
25	7	12	0.0138	1
163	6	14	0.0138	1
31	6	11	0.0138	1
30	5	12	0.0138	1
38	5	11	0.0138	1
157	5	11	0.0040	5

附录2 "开心网"实证中间结果

续　表

用户编号 （User ID）	口碑接受度 （被选次数）	网络中心度 （Centrality）	网络密度 （Density）	小团体编号 （Group ID）
155	5	7	0.0017	6
154	4	9	0.0138	1
161	4	11	0.0138	1
74	4	10	0.0138	1
147	4	10	0.0040	5
76	3	8	0.0138	1
11	3	8	0.0138	1
152	3	6	0.0017	6
156	2	7	0.0138	1
2	2	3	0.0005	2
21	2	3	0.0005	2
36	2	2	0.0003	4
62	2	10	0.0040	5
80	2	10	0.0040	5
8	1	6	0.0138	1
17	1	7	0.0138	1
166	1	11	0.0138	1
165	1	10	0.0138	1
79	1	10	0.0138	1
43	1	9	0.0138	1
169	1	7	0.0138	1
162	1	11	0.0138	1
54	1	12	0.0138	1
55	1	12	0.0138	1
58	1	9	0.0138	1

续　表

用户编号 （User ID）	口碑接受度 （被选次数）	网络中心度 （Centrality）	网络密度 （Density）	小团体编号 （Group ID）
1	1	7	0.0138	1
19	1	2	0.0005	2
34	1	3	0.0005	2
57	1	5	0.0005	2
7	1	2	0.0003	4
18	1	2	0.0003	4
9	1	7	0.0040	5
164	1	9	0.0040	5
28	1	5	0.0040	5
63	1	8	0.0040	5
148	1	7	0.0040	5
75	1	7	0.0017	6
151	1	6	0.0017	6
153	1	7	0.0017	6

附录3 "天涯论坛"实证数据源

表 C-1 用户编号和天涯论坛 ID 对应表(部分)

用户编号	口碑参与者天涯 ID	用户编号	口碑参与者天涯 ID
1	4＊＊＊9	2	3＊＊＊f
3	1＊＊＊1	4	5＊＊＊a
5	3＊＊＊饭	6	a＊＊＊2
7	挑＊＊＊天	8	a＊＊＊8
9	小＊＊＊0	10	a＊＊＊友
11	0＊＊＊奶	12	a＊＊＊3
13	0＊＊＊玩	14	a＊＊＊a
15	A＊＊＊3	16	a＊＊＊z
17	a＊＊＊a	18	a＊＊＊h
19	a＊＊＊8	20	a＊＊＊8
21	b＊＊＊k	22	a＊＊＊1
23	b＊＊＊e	24	a＊＊＊4
25	B＊＊＊9	26	a＊＊＊4
27	b＊＊＊c	28	a＊＊＊e
29	c＊＊＊n	30	a＊＊＊n
31	c＊＊＊8	32	a＊＊＊y

续 表

用户编号	口碑参与者天涯 ID	用户编号	口碑参与者天涯 ID
33	c＊＊＊f	34	a＊＊＊8
35	c＊＊＊9	36	a＊＊＊酸
37	c＊＊＊r	38	a＊＊＊鱼
39	c＊＊＊n	40	a＊＊＊_
41	c＊＊＊c	42	a＊＊＊3
43	c＊＊＊n	44	a＊＊＊0
45	d＊＊＊u	46	a＊＊＊格
47	d＊＊＊e	48	a＊＊＊7
49	d＊＊＊z	50	b＊＊＊5
51	e＊＊＊u	52	b＊＊＊6
53	e＊＊＊a	54	b＊＊＊5
55	g＊＊＊3	56	b＊＊＊i
57	h＊＊＊r	58	b＊＊＊l
59	h＊＊＊v	60	b＊＊＊i
61	h＊＊＊h	62	b＊＊＊1
63	h＊＊＊5	64	b＊＊＊o
65	h＊＊＊3	66	B＊＊＊松
67	j＊＊＊z	68	b＊＊＊t
69	J＊＊＊1	70	B＊＊＊9
71	j＊＊＊o	72	b＊＊＊6
73	j＊＊＊i	74	b＊＊＊3
75	j＊＊＊3	76	b＊＊＊i
77	k＊＊＊a	78	b＊＊＊a
79	k＊＊＊9	80	b＊＊＊4
81	l＊＊＊7	82	c＊＊＊y

续　表

用户编号	口碑参与者天涯 ID	用户编号	口碑参与者天涯 ID
83	l＊＊＊8	84	c＊＊＊u
85	l＊＊＊n	86	c＊＊＊e
87	l＊＊＊9	88	c＊＊＊h
89	l＊＊＊n	90	c＊＊＊e
91	l＊＊＊b	92	c＊＊＊0
93	l＊＊＊0	94	c＊＊＊w
95	M＊＊＊R	96	c＊＊＊i
97	m＊＊＊n	98	c＊＊＊r
99	m＊＊＊n	100	c＊＊＊l
101	m＊＊＊i	102	c＊＊＊者
103	m＊＊＊n	104	c＊＊＊1
105	N＊＊＊l	106	c＊＊＊0
107	p＊＊＊g	108	c＊＊＊8
109	p＊＊＊l	110	c＊＊＊w
111	p＊＊＊1	112	c＊＊＊7
113	r＊＊＊i	114	c＊＊＊9
115	s＊＊＊e	116	c＊＊＊6
117	s＊＊＊i	118	c＊＊＊0
119	s＊＊＊5	120	c＊＊＊l
121	s＊＊＊o	122	c＊＊＊y
123	s＊＊＊k	124	c＊＊＊e
125	u＊＊＊1	126	c＊＊＊7
127	v＊＊＊r	128	d＊＊＊9
129	w＊＊＊8	130	D＊＊＊i
131	x＊＊＊7	132	d＊＊＊5

续 表

用户编号	口碑参与者天涯 ID	用户编号	口碑参与者天涯 ID
133	x＊＊＊x	134	d＊＊＊1
135	x＊＊＊x	136	d＊＊＊1
137	x＊＊＊o	138	d＊＊＊9
139	y＊＊＊1	140	d＊＊＊1
141	y＊＊＊9	142	d＊＊＊j
143	y＊＊＊9	144	d＊＊＊9
145	z＊＊＊i	146	d＊＊＊3
147	z＊＊＊i	148	d＊＊＊4
149	z＊＊＊6	150	d＊＊＊9
151	z＊＊＊3	152	d＊＊＊7
153	z＊＊＊u	154	d＊＊＊2
155	傲＊＊＊立	156	d＊＊＊6
157	把＊＊＊手	158	d＊＊＊4
159	边＊＊＊子	160	d＊＊＊9
161	藏＊＊＊间	162	d＊＊＊e
163	车＊＊＊汤	164	d＊＊＊7
165	程＊＊＊	166	e＊＊＊e
167	大＊＊＊粉	168	e＊＊＊u
169	蝶＊＊＊音	170	E＊＊＊0
171	断＊＊＊丫	172	e＊＊＊s
173	二＊＊＊刀	174	f＊＊＊0
175	国＊＊＊姐	176	f＊＊＊e
177	好＊＊＊w	178	f＊＊＊g
179	好＊＊＊夕	180	f＊＊＊4
181	浩＊＊＊易	182	f＊＊＊9

续　表

用户编号	口碑参与者天涯 ID	用户编号	口碑参与者天涯 ID
183	恨＊＊＊永	184	f＊＊＊h
185	吼＊＊＊子	186	f＊＊＊y
187	寂＊＊＊人	188	f＊＊＊q
189	佳＊＊＊乐	190	f＊＊＊7
191	坚＊＊＊甲	192	f＊＊＊m
193	简＊＊＊达	194	f＊＊＊z
195	叫＊＊＊狗	196	f＊＊＊8
197	解＊＊＊社	198	f＊＊＊c
199	今＊＊＊芳	200	f＊＊＊8
201	今＊＊＊饭	202	g＊＊＊6
203	婧＊＊＊儿	204	g＊＊＊0
205	君＊＊＊猪	206	g＊＊＊1
207	看＊＊＊0	208	g＊＊＊b
209	可＊＊＊奶	210	g＊＊＊5
211	客＊＊＊a	212	g＊＊＊0
213	狂＊＊＊侠	214	g＊＊＊n
215	浪＊＊＊0	216	g＊＊＊8
217	老＊＊＊子	218	g＊＊＊9
219	恋＊＊＊雨	220	G＊＊＊n
221	买＊＊＊心	222	h＊＊＊8
223	每＊＊＊甲	224	h＊＊＊0
225	囡＊＊＊1	226	h＊＊＊g
227	你＊＊＊吗	228	h＊＊＊8
229	妞＊＊＊糖	230	h＊＊＊5
231	潘＊＊＊客	232	d＊＊＊1

续　表

用户编号	口碑参与者天涯 ID	用户编号	口碑参与者天涯 ID
233	炮＊＊＊9	234	h＊＊＊a
235	漂＊＊＊乡	236	h＊＊＊i
237	七＊＊＊o	238	h＊＊＊8
239	秦＊＊＊耀	240	H＊＊＊N
241	清＊＊＊2	242	h＊＊＊y
243	热＊＊＊刺	244	h＊＊＊g
245	人＊＊＊君	246	h＊＊＊j
247	人＊＊＊A	248	h＊＊＊9
249	赛＊＊＊2	250	h＊＊＊8
251	上＊＊＊北	252	h＊＊＊m
253	食＊＊＊码	254	h＊＊＊Y
255	是＊＊＊甲	256	h＊＊＊0
257	硕＊＊＊泡	258	h＊＊＊5
259	台＊＊＊人	260	h＊＊＊u
261	太＊＊＊车	262	h＊＊＊n
263	叹＊＊＊竹	264	h＊＊＊8
265	唐＊＊＊画	266	h＊＊＊4
267	天＊＊＊儿	268	h＊＊＊m
269	投＊＊＊利	270	i＊＊＊1
271	投＊＊＊0	272	i＊＊＊g
273	拓＊＊＊疆	274	i＊＊＊e
275	娃＊＊＊敏	276	j＊＊＊s
277	外＊＊＊客	278	j＊＊＊0
279	王＊＊＊制	280	j＊＊＊p
281	蜗＊＊＊o	282	j＊＊＊m

续　表

用户编号	口碑参与者天涯 ID	用户编号	口碑参与者天涯 ID
283	我＊＊＊秀	284	j＊＊＊8
285	我＊＊＊O	286	j＊＊＊g
287	我＊＊＊y	288	j＊＊＊s
289	我＊＊＊8	290	j＊＊＊i
291	我＊＊＊也	292	j＊＊＊4
293	我＊＊＊哥	294	j＊＊＊0
295	我＊＊＊贝	296	j＊＊＊u
297	卧＊＊＊猫	298	j＊＊＊i
299	吴＊＊＊友	300	j＊＊＊y
301	五＊＊＊佛	302	j＊＊＊g
303	朱＊＊＊兵	304	j＊＊＊n
305	习＊＊＊机	306	j＊＊＊g
307	喜＊＊＊猫	308	j＊＊＊0
309	贤＊＊＊	310	j＊＊＊i
311	小＊＊＊8	312	j＊＊＊a
313	昨＊＊＊奔	314	j＊＊＊u
315	小＊＊＊助	316	j＊＊＊8
317	小＊＊＊翘	318	j＊＊＊天
319	小＊＊＊坏	320	J＊＊＊I
321	御＊＊＊惊	322	j＊＊＊i
323	笑＊＊＊林	324	j＊＊＊h
325	歇＊＊＊里	326	j＊＊＊1
327	邂＊＊＊龙	328	j＊＊＊a
329	猩＊＊＊魂	330	J＊＊＊9
331	雪＊＊＊分	332	j＊＊＊t

续 表

用户编号	口碑参与者天涯 ID	用户编号	口碑参与者天涯 ID
333	迅＊＊＊结	334	J＊＊＊f
335	丫＊＊＊1	336	j＊＊＊6
337	阳＊＊＊路	338	k＊＊＊a
339	夜＊＊＊郎	340	k＊＊＊3
341	伊＊＊＊然	342	k＊＊＊u
343	音＊＊＊琴	344	k＊＊＊e
345	咏＊＊＊9	346	K＊＊＊Y
347	幽＊＊＊K	348	k＊＊＊u
349	娱＊＊＊尚	350	k＊＊＊6
351	郁＊＊＊皓	352	k＊＊＊0
353	月＊＊＊情	354	l＊＊＊g
355	月＊＊＊流	356	l＊＊＊a
357	孕＊＊＊油	358	l＊＊＊0
359	翟＊＊＊	360	l＊＊＊2
361	这＊＊＊了	362	l＊＊＊2
363	郑＊＊＊权	364	l＊＊＊3
365	6＊＊＊1	366	l＊＊＊3
367	8＊＊＊8	368	l＊＊＊j
369	8＊＊＊1	370	l＊＊＊a
371	1＊＊＊2	372	l＊＊＊8
373	3＊＊＊3	374	l＊＊＊8
375	6＊＊＊4	376	l＊＊＊5
377	7＊＊＊9	378	l＊＊＊j
379	1＊＊＊5	380	l＊＊＊a
381	1＊＊＊8	382	l＊＊＊1

续　表

用户编号	口碑参与者天涯 ID	用户编号	口碑参与者天涯 ID
383	2＊＊＊3	384	l＊＊＊t
385	3＊＊＊8	386	l＊＊＊0
387	4＊＊＊2	388	l＊＊＊n
389	4＊＊＊5	390	l＊＊＊n
391	4＊＊＊3	392	l＊＊＊n
393	8＊＊＊4	394	l＊＊＊n
395	9＊＊＊1	396	l＊＊＊x
397	1＊＊＊1	398	l＊＊＊4
399	1＊＊＊3	400	l＊＊＊8
401	1＊＊＊8	402	l＊＊＊7
403	c＊＊＊e	404	l＊＊＊0
405	1＊＊＊0	406	l＊＊＊e
407	闷＊＊＊o	408	L＊＊＊Y
409	三＊＊＊痒	410	l＊＊＊h
411	贴＊＊＊a	412	l＊＊＊s
413	我＊＊＊了	414	l＊＊＊9
415	有＊＊＊9	416	l＊＊＊n
417	_＊＊＊0	418	l＊＊＊g
419	_＊＊＊由	420	l＊＊＊调
421	_＊＊＊7	422	l＊＊＊h
423	1＊＊＊谓	424	l＊＊＊3
425	1＊＊＊灵	426	l＊＊＊f
427	1＊＊＊春	428	l＊＊＊5
429	2＊＊＊你	430	l＊＊＊8
431	3＊＊＊p	432	l＊＊＊u

附录4 社会网络分析软件简介

学术界对于社会网络分析软件的开发和应用研究从来没有停止过,不论是国外还是国内都有专门机构和专业网站对社会网络分析软件的研究和更新进行跟踪和报道,如国际社会网络分析网[①]和由中国社会科学院主办的中国社会学网[②]。现对一些常用软件进行概要性介绍(见表D-1)

表D-1 常用社会网络分析软件介绍表

软件	主要功能	版本	平台	备注
Ucinet	最具代表性的社会网络分析软件之一,功能包括通过集成绘图软件(NetDraw和Pajek等)绘制网络结构图,并进行点度中心分析、中间中心度分析、网络密度分析、网络中心势分析和小团体分析等。	6.186	win9.x	由Boston大学教授Borgatti和Westminster大学教授Everett、CaliforniaIrvine大学社会系教授Freeman联合开发。免费下载网址:http://www.analytictech.com

---

① Computer Programs for Social Network Analysis [EB/OL]. http://www.insna.org/INSNA/soft_inf.html,2008-04-27.

② 社会网络模型 [EB/OL]. http://www.sociology.cass.cn/shxw/software/network.htm,2008-03-28.

续　表

软件	主要功能	版本	平台	备注
Agna	用于网络分析和序列分析的软件。序列分析的对象是行动链,链中的每一个环节(node)及其次序是行动链的内在结构。分析方法包括最短路径、趋中性和社会计量系数。	2.11	Java	由 Marius I. Benta 开发。免费下载网址：http://benta.addr.com/agna/download.htm
Blanche	生成网络动力学模型并进行模拟。它以节点、链接和方程构成系统,描述链接的强度和节点的属性随着时间变化而变化的规律。	2.03	win9.x	有用户手册和示例供下载,免费软件。
Blocks	分析网络(关系数据)中随机 Block 结构。	1.6	dos	由 Tom Snijders 开发。免费下载网址：http://stat.gamma.rug.nl/snijders/socnet.htm#progBLO
Inflow	Inflow 是由咨询人员设计并为咨询人员服务的,主要是应用于商业组织分析。它的功能包括网络分析和网络可视化。	3.0	Win9.x	Beta 版测试当中。主要应用领域：团队建设、专家定位、组织设计、网络设计、知识管理、网络弱点评估等方面。
MultiNet	网络分析软件,既可以分析普通的数据,也可以分析网络数据。除了获取一些基本的统计描述值,如平均值、中值、标准差、频率分布等之外,还可以用图和表格的方式表现数据,把描述人的数据和描述人之间关系的数据结合起来。	2.1	dos	可以从以下网页中的文章(whatismultinet?)对 Multinet 进行总体概要性了解：http://www.sfu.ca/~richards/Multinet/Pages/howmn.htm

续　表

软件	主要功能	版本	平台	备注
Krackplot	网络可视化工具,可以输出彩色和黑白图像。该软件试将人与人之间的互动想象成有如蜘蛛网般的连接,用图像网络(sociogram)的方式展现网络关系。	3.3	dos	由任职于卡耐基·梅隆(Carnegie Mellon)大学公共政策及管理学院的 Krackhardt 教授开发。 下载网址: http://www.analytictech.com
Pajek	用图示化的方法(如层次结构图、内链接结构图、内容结构图和子结构截图等)方式来表现一个组织或大型数据集的可视化网络工具。	1.23	win9.x	由卢布尔雅那大学 Vladimir Batagelj 和 Andrej Mrvar 开发的一项基于 Windows 的免费软件。 免费下载网址: http://pajek.imfm.si/doku.php
Structure	了解社会网络沟通结构的软件。该软件可以通过对个人直接及间接联系的运算,计算出个人的网络结构,同时还可以将辨识沟通组别(clique detection)作为分析指标,辨识出拥有相同沟通结构的个人。	4.2	dos	哥伦比亚大学社会学教授 Ronald Burt 开发,作者主页可以下载到相关手册和文章。

　　以上的网络分析软件,在网络分析和网络结构图的绘制方面都各有特色。由于 Analytic Technologies 公司开发的标准网络分析程序 UCINET6 将 NETDRAW、PAJEK 以及 FAME 等软件集成在一起,即集网络图与网络分析于一体,同时可以在 Windows 环境下运行,为我们进行网络分析和得到网络结构图提供了极大的便利。另外,它在处理数据方面也具有强大的功能,可以进行数据格式的转换,如将 txt 或者 excel 数据文件,直接转换成它可以处理的文件,这样就有利于我们对搜集到的数据进行相关处理。下面对本书选择使用到的社会网络分析软件 UCINET 和网络可视化软件 PAJEK 进行简要介绍,各类分析的具体步骤和菜单路径已在第五章实证

分析中给出。

(1) UCINET 概要介绍

UCINET 是最有代表性的社会网络分析软件之一,它是由 Stephen P. Borgatti 教授、Martin G. Everett 教授和 Linton C. Freeman 教授共同开发的。Stephen P. Borgatti 是波士顿大学的教授,并且是组织研究系的主任。他的主要研究兴趣就是社会网络分析。同时,他还对文化领域和知识管理感兴趣,他曾任 INSNA(International Network for Social Network Analysis)的主席,组织建立了 UCINET 小组并对其进行管理[1];Martin G. Everett 是 Westminster 大学教授。他的研究方向是图论的应用,特别是在社会网络方面的应用,他也曾经担任过 INSNA 的主席[2];Linton C. Freeman 是加州大学尔湾分校(University of California Irvine)社会学系的教授,他的研究领域是社会网络分析[3]。这三位学者一直致力于社会网络分析研究和社会网络分析软件的开发,为此领域做出了巨大的贡献,UCINET 分析软件(第六版)提供的免费下载网址为 http://www.analytictech.com/ucinet/ucinet.htm,该网站还提供 UCINET 的使用指南供用户下载学习。

UCINET 软件主要应用于社会网络数据的处理,可以兼容不同文件格式的数据,包括常用的 excel 文件和 txt 文件。它处理网络节点的最大能力达到了 32767 个,虽然达到 5000 至 10000 个节点数时会影响一些程序的运行速度。该软件可以很好地实现中心性分析、角色分析、小团体分析以及基于置换的统计分析等社会网络分析功能。此外,矩阵分析功能(矩阵代数、多元统计分析)也是该软件的特色之一。因此,掌握 UCINET6 的使用

---

[1] Borgatti Web Page [EB/OL]. http://www.analytictech.com/borgatti/,2008-03-18.

[2] Martin G E Curriculum Vitae [EB/OL]. http://www.wmin.ac.uk/pdf/webcv.pdf,2008-03-18.

[3] Linton C Freeman Webpage [EB/OL]. http://moreno.ss.uci.edu/lin.html,2008-03-18.

方法对社会网络分析很有帮助,下面将对此做初步介绍。

打开 UCINET6 后,展现在我们眼前的是如图 D-1 所示的界面[①]:

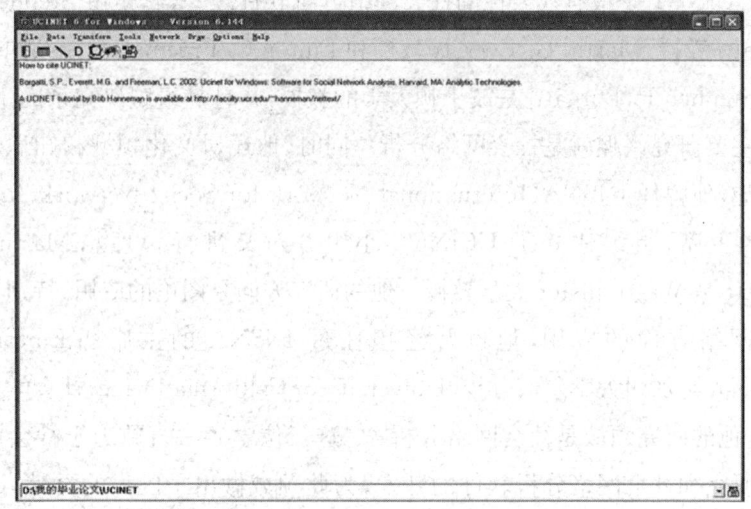

图 D-1　UCINET6 的主界面

可以看到,UCINET6 的主界面非常简单,菜单包括 File、Data、Transform、Tools、Networks、Draw、Options 和 Help。

① File 菜单

File 菜单下包含的主要子菜单有 Copy Ucinet Dataset、Rename Ucinet Dataset 和 Delete Ucinet Dataset 等。该菜单下包含的子菜单主要是对 Ucinet 数据集(Ucinet Dataset)进行处理的,类似于其他数据库软件中对数据库进行各种处理的菜单。

② Data 菜单

Data 菜单下包含的子菜单的功能主要是管理 UCINET 数据集。其中 spreadsheet 菜单是直接录入和编辑 UCINET 文件的编辑器。这个界面和

---

① Borgatti S P, Everett M G, Freeman L C. Ucinet for Windows: Software for Social Network Analysis [M]. Harvard, MA: Analytic Technologies, 2002: 10.

附录4 社会网络分析软件简介

Excel的界面十分相似,由若干行和列组成。不同的是,在Excel中给出了行和列的标号,但是在UCINET中并没有给出。实际上,在UCINET文件中,第一行和第一列的数据是相同的,都是网络中节点,并且其排列顺序必须是相同的。单元格中的数据表示的是两个节点之间的关系。如第一行代表节点A,第二列代表节点B,那么第一行和第二列交叉的单元格的数据就代表节点A和节点B的关系。表D-2是一个原始网络数据,图D-2是将其录入到spreadsheet中的图示。

表D-2 社会网络数据矩阵表

	A	B	C	D	E	F
A	0	1	1	1	0	1
B	1	0	1	1	1	0
C	1	1	0	1	1	1
D	1	1	1	0	0	1
E	0	1	1	0	0	0
F	1	0	1	1	0	0

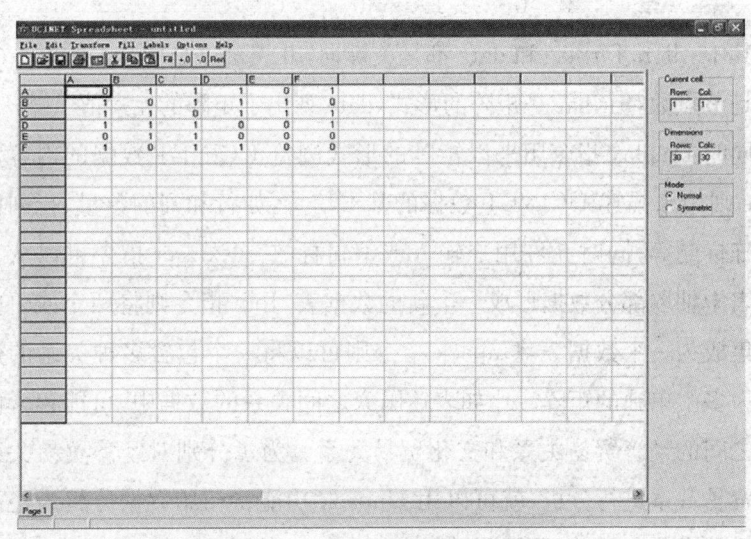

图D-2 UCINET6数据录入界面

数据录入完毕后,选择 File>Save 或 File>Save as,或者直接点击工具栏左边第三个图标"保存",就能将数据保存为 UCINET 数据,文件后缀为.♯♯h。导入(Import)指令可以将不同形式的 ASCII 文件转换为 UCINET 数据,导出(Export)则将 UCINET 数据转换为 ASCⅡ文件以便其他程序能读取这些数据。在此需要说明的是,我们常用的 Excel 文件可以导入到 UCINET 中,而 UCINET 文件也可以导出为 Excel 文件。但是 Excel 数据表中列的最大数量为 255,因此,如果实际数据量比较大,节点数超过255,Excel 就无法表示了。所以在 UCINET 用户使用指南中,作者强烈建议我们以 DL 格式文件导入数据。DL 文件是由关键词和数据组成的,关键词是用来描述数据的,因此也可以称为"元数据"。一个简单的包含 4 个节点的网络可以用如下的 DL 文件来描述:

dl n=4format=fullmatrix data:

0	1	1	0
1	0	1	1
1	1	0	0
0	1	0	0

其中,dl、n、format 和 data 都是关键词,dl 表示这是一个 DL 文件,n 表示的是节点数,format 是矩阵的形式,data 列出了矩阵的元素值。

同时 Display 指令用来以矩阵的形式浏览 UCINET 数据的内容,Describe 则用来描述 UCINET 数据的基本信息,如行和列的数量,行列标签和矩阵标题等,同时允许用户输入或编辑标签。Extract 指令可以从一个数据表中抽取部分数据形成一个新的数据表,Join 指令则将两个或更多数据表集成为一个数据表,Unpack 指令则可以将一个包含多种关系的数据分解为多个单独的矩阵。比如表达国家之间关系的数据中,可能包含两个国家之间的经济贸易关系和文化贸易关系。为了分别对经济贸易关系和文化贸易关系进行分析,就可以用 Unpack 功能将初始数据分解为经济贸易关系和文化贸易关系两个矩阵。指令 Sort、Permute 和 Transpose 可以帮助用户分别进行排序、矩阵重排和转置等一些非数字方面的处理。

③ Transform 菜单

Transform 菜单下包含将图和网络转换为其他形式的子菜单,主要有以下几个部分:第一部分包含将行和列合并的子菜单。第二部分包含对矩阵元素进行处理而不改变矩阵结构的菜单,如对称化(symmetrizing)和二值化(dichotomizing)等。对称化将非对称矩阵转换为对称矩阵,而二值化则将非二值矩阵转换为二值矩阵。第三部分主要包括 Normalize,可以用多种技术对行、列或整个矩阵的数据进行标准化处理。

④ Tools 菜单

这里提供的是一些分析工具,从严格意义来说它们并不是网络分析程序,但是网络分析人员却经常要用到它们。子菜单主要包括多维量表分析(MDS:multidimensional scaling)、层次聚类方法(cluster analysis)、相似性分析(similarity)和不相似性分析(dissimilarity)等。多维量表分析和层次聚类方法都可以用来将赋值数据转换为二值数据,不同的是多维量表分析可以处理非对称数据,而层次聚类法处理对称数据。该菜单中还包含一些统计学中进行假设检验的工具,主要有 QAP(Quadratic Assignment Procedure,即二次指派程序)。QAP 用来计算检验两个矩阵之间相关的显著性,并可以排除观察项之间相互依赖这个因素,给出正确的标准差。

⑤ Network 菜单

Network 的主要子菜单包括 cohesion、regions、subgroup、centrality、core-periphery 和 roles & positions 等。cohesion 中包含的主要子菜单是密度分析(density)、凝聚子群/小团体密度分析(E-I index)和 k-核分析。regions 中包含的主要子菜单是成分分析(components)。subgroup 包含的子菜单主要是对网络进行凝聚子群分析,包括派系(cliques)、n-派系(n-cliques)、n-宗派(n-clan)、k-丛(k-plex)和 λ 集合。centrality 主要是对网络进行中心性分析,包括点度中心性、接近中心性和中间中心性分析。core-periphery 对网络进行核心-边缘分析,分为 categorical 和 continuous

两种,分别对应离散的核心-边缘结构模型和连续的核心-边缘结构模型。roles & positions 对网络进行角色和位置分析。角色和位置分析比较抽象,但是在社会网络分析中比较重要,因为在考察行动者的时候,不能把他们看成各个独立的人,而应该看成属于某些类型的人。在分析的时候,需要对类似的行动者进行归类,并且解释是什么因素使他们(作为一类人的存在)不同于其他"类别"的行动者。

⑥ Draw 菜单

在 UCINET 中点击 Draw 菜单,就会自动调用 NetDraw 这个绘图软件。NetDraw 是由 Stephen P. Borgatti 编写的社会网络数据可视化程序。在该软件中,只要输入一个社会网络的模式矩阵数据,就能绘制出其对应的社会网络图,而且可以使用节点属性为节点设置颜色、性质和大小等,使其更加清晰直观。绘制出来的图形可存储为多种形式的文件,包括.jpg, .gif 和.bitmap。图 D-3 是将表 D-2 中的数据进行绘图的结果。

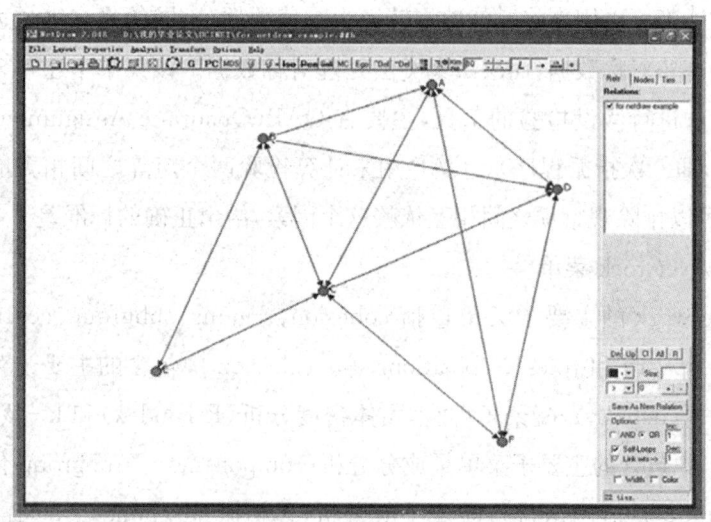

图 D-3 NETDRAW 绘图界面

⑦ Options 菜单用来设置 UCINET 系统的一些参数,如数据检验、浏览选项和页面大小等。

⑧ Help 菜单包括帮助文献、技术支持和关于 UCINET 的基本信息等。

（2）PAJEK 概要介绍

PAJEK(Program Analysis for Large Network)是 32 位视窗系统中用于大型网络分析的应用软件程序，是由卢布尔雅那大学的 Vladimir Batagelj 和 Andrej Mrvar 开发的一个自由扩散非商业用途的软件，可以免费下载，在本地选择目录简单安装后就能方便运行。

该软件就是用图示化的方法，如层次结构图(hierarchy)、简化结构(reduction)、内链接结构图(interlinks)、内容结构图(context)和子结构截图(cut-out)等方式来表现一个组织或大型数据集的结构(见图 D-4)①。

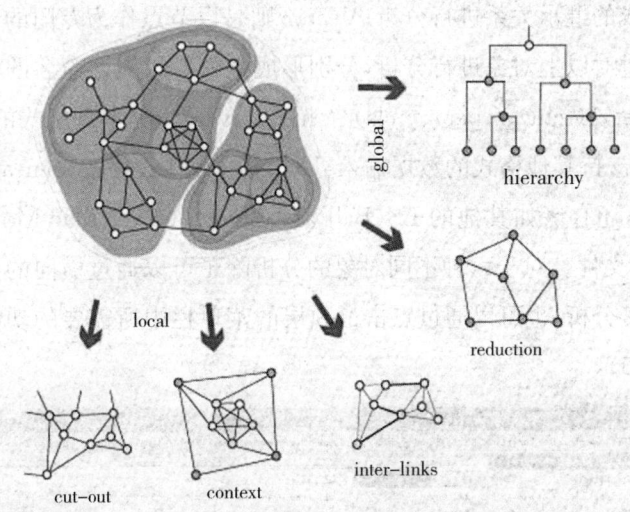

图 D-4　PAJEK 分解大型网络方法的示意图

该软件是目前社会网络分析另外一个重要工具，其最大的优势是可视化操作，从而使得大量抽象数据的处理变得更加直观和简单。而且通过逻

---

① Reference Manual for Pajek [EB/OL]. http://pajek.imfm.si/doku.php? id=pajek，2008-04-01.

辑思维和形象思维相互补充可以激发人的创造性,使人们可以从大量复杂的数据中发现其中的内在规律,从而为社会研究、科学实验、工程管理和医疗救治等领域提供便利和决策依据。目前最新版本为PAJEK V2.03,以下网址提供PAJEK软件及其用户使用手册免费下载:http://pajek.imfm.si/doku.php。下面将对PAJEK(V2.03)的使用进行概要说明。

运行PAJEK将会看到被组织成网络数据"计算器"模式的主界面窗口,窗口被横向分割为六个部分,即PAJED程序可以分析的主要6个对象:Network主要分析网络(节点和关联线)对象;Partition主要分析节点聚簇形成的分区对象;Permutation分析的是节点重排对象;Cluster则是对节点的子分区(比如一个分区中的某个类别)进行分析;Hierarchy是对节点聚簇而成的继承关系进行分析;Vector则是以节点作为专门的对象进行分析。通过对以上对象进行分析,分别形成由如下扩展名命名的不同的文件形式(.net)、(.clu)、(.per)、(.cls)、(.hie)、(.vec)。除本身格式的数据外,PAJEK也支持其他格式的数据输入:UCINET的DL格式,genealogical的GED格式,还有诸如其他的BS(Ball and Stick)、MAC(Mac Molecule)和MOL格式文件。对于六种不同对象的分析除了可以通过横向的界面操作的形式直接分析,也可以通过点击最顶层的菜单栏中所需要的功能进行分析(图D-5)。

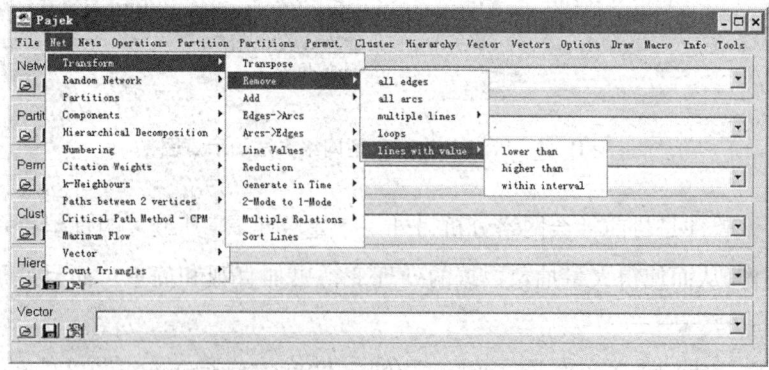

图D-5　PAJEK主菜单展开图

附录 4 社会网络分析软件简介

可以通过 File→Edit 操作对选中的节点或连线进行增加或删除等编辑;通过 Net→Transform 操作对于边(edge)和弧(arc)的相互转换、1-模和 2-模网络的相互转换;Partitions→Degree 对于一个网络聚族中的点的出入度进行分析和展现;也可以通过 draw 指令进入作图窗口,进行作图操作。在节点没有确定位置的情况下,各节点以环形显示(图 D-6),可对图形进行 layout 自动化变换操作,以得到更形象化的图形。同时可利用 Move 选单手动用鼠标对图形节点进行移动变换,PAJEK 支持二维和三维的图形显示。

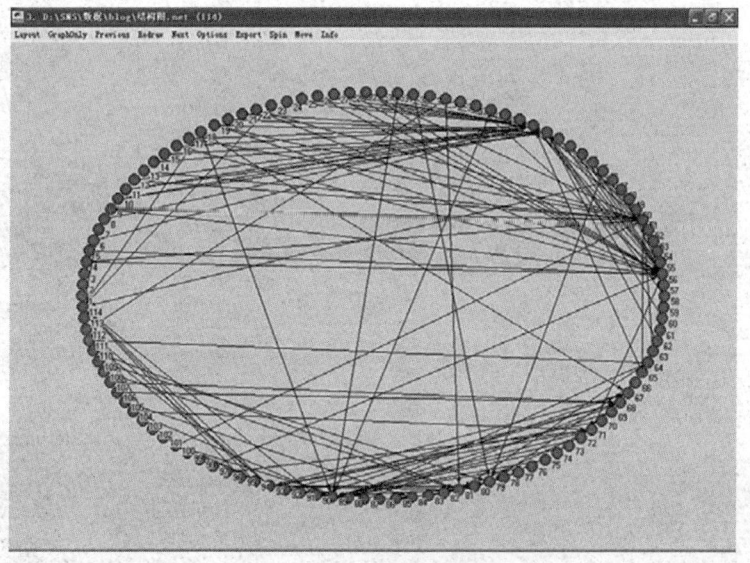

图 D-6　DARW 命令窗口

图书在版编目(CIP)数据

网络口碑研究 / 张玥著. —南京:南京大学出版社,2021.7
　　ISBN 978-7-305-24484-1

Ⅰ.①网… Ⅱ.①张… Ⅲ.①网络营销-顾客满意度-研究 Ⅳ.①F713.365.2

中国版本图书馆 CIP 数据核字(2021)第 093384 号

出版发行	南京大学出版社
社　　址	南京市汉口路 22 号　　邮　编 210093
出 版 人	金鑫荣

书　　名　网络口碑研究
著　　者　张　玥
责任编辑　施　敏

照　　排　南京紫藤制版印务中心
印　　刷　徐州绪权印刷有限公司
开　　本　787×960　1/16　印张 13.25　字数 171 千
版　　次　2021 年 7 月第 1 版　2021 年 7 月第 1 次印刷
ISBN　978-7-305-24484-1
定　　价　60.00 元

网　　址:http://www.njupco.com
官方微博:http://weibo.com/njupco
官方微信:njupress
销售咨询热线:(025)83594756

* 版权所有,侵权必究
* 凡购买南大版图书,如有印装质量问题,请与所购
　图书销售部门联系调换